これは覚えたい

火災調査書類の図面作成塾

透視図法で復元図が描ける！
建物平面図など作成のポイントも満載！

編著　火災調査技術向上研究会

東京法令出版

PREFACE

はじめに

判定書を作成する上で、その表現手法については作成者が苦慮するところであり、文章だけで全てを網羅することはとても難しいと思います。例えば、「り災した建物は、○○方向に○○、○○方向に○○、…○○方向の階段を上がり、○○方向の通路を○○方向に…」となると、文章だけで表現しても判定書を読む第三者にとっては理解しがたく、方向オンチになります。また、出火についての実況や考察に至る前に迷宮に陥ってしまいます。

そもそも判定書は、調査員が火災に至った経過や出火原因について万人が分かるように表現することが大前提になると思います。

小説の中の情景や風景の表現などは、読者がそれぞれの体験から色々な風景を想像すると思います。小説の場合はそれぞれの捉え方で構わないと思いますが、判定書の場合は、小説のような訳にはいきません。読む側の全てに共通の認識をもってもらわないと意味がないのです。

このようなことから、文章を補足する意味で、火災調査書類において図面というものが非常に重要となってくるのです。

2008年 9 月

火災調査技術向上研究会

CONTENTS

目　次

Ⅰ　火災調査書類と図面

Ⅱ　平面図などの作成

CONTENTS

Ⅲ　復元図の作成

※　本文中、紙面の都合により、実際の縮尺率と表示（例：「縮尺　1／100」等）が一致しない図がありますが、ご了承ください。

I

火災調査書類と図面

火災調査書類に使われる図面と役割

一般的に建築物が出来上がるまでには、次のような図面を作成します。

仕様書、仕様概要表、仕上表、面積表及び求積図、敷地案内図、配置図、各階平面図、立面図、断面図、展開図、矩計図、天井伏図、平面詳細図、部分詳細図、施工図、建具表、確認申請図書　etc.

という具合にたくさんの図面が作成されます。ところが、高層建築物などになると、このほかにも各種構造設計図、給排水関係図、電気設備図、空調関係図、そして消防用設備図等と種類だけで60種類以上、延べの図面数にあっては100枚以上になります。

さて、火災調査書類に必要な図面には、どのようなものがあるのでしょうか？

調査で作成される図面は、案内図（現場付近図）、建物配置図、建物平面図、詳細平面図、復元図、死者の状況図、その他状況に応じて必要になる図面など数多くあります。

はじめに、どのような書類を作成し、また、どのような図面を入手しなければならないか見ていくことにしましょう。

調査員が作成する図面

建物の配置、間取り、部屋の収容物（家具類）の配置などが記載された図面は、要点を視覚で簡単に理解させることを可能にするものです。

案　内　図

該当建築物周囲の建物や施設、方位、道路状況等が記入されているものです。火災現場がどのような位置にあるのかを示すもので、公共施設等の主要な施設からどの方向のどれだけの距離に位置しているか等を示すためのものです。

建物配置図

建築物の形状や方位などを表し、図面にしたものが配置図です。焼損建物（火元・類焼）間の距離及び焼損していない周囲の建物との距離、遮へい物、建物構造等を記載し、出火建物又は出火室等の判定の資料となります。

建物平面図

各階の状況が把握できるように、フロアのある高さから水平に切った状態で天井から床面を見下ろした図をいいます。主要構造部や窓、扉などの状態も網羅して記入します。これは火災調査において最も重要な図面ですから、関係者が所有しているのなら是非とも資料提出してもらいます。建築面積、延べ面積、焼損面積の算定や焼損程度を判定するための資料にもなります。

詳細平面図

出火室又は出火箇所付近と推察される部屋の詳細な平面図です。家具や収容物などを記載し位置関係を明らかにしておきます。

写真撮影位置図

写真を撮影した位置を建物平面図に記入したものです。現場記録写真がどの位置から撮られたものかを明らかにします。

復　元　図

現場調査のときに実際に現場で描いた図面と関係者からの供述、発掘作業によって出火前の状態を復元（再現）した図面です。出火前の状態の写真や、家具類や電気製品が網羅された図面などは入手することがほぼ不可能であるため、出火前の状態を図によって復元する目的で作成します。

死者の状況図

死者の状況を平面図同様に記載したものです。

電源接続状況図

出火室や出火箇所と思われる箇所及びその周囲に認められた電気配線について、接続状況やスイッチ「ON」「OFF」等の通電状況、短絡痕等の位置や範囲等について記すものです。

器具などの構造図、回路図

実況見分で説明される部位などを分かりやすくするため参考として添付したり、回路図などは、電気製品などの鑑識を行う際に必要になってきます。これらについては、作成する必要はありませんが、原因を究明するために取り寄せておくことが必要になります。

その他状況に応じて必要になる図面

現場発掘前の確認図面があげられます。調査を始める前に建物の間取図を採っておき、その図を基に火点室と推察される部屋を黒板や巻き取り図版に写し取り、警察や火元関係者を交えて内部の収容物を聴取して書き込んでいきます。

これらの図面は、実況見分調書だけでは説明できない状況を補完する重要な書類であり、のちに内部資料や開示請求などの書類として活用されるものです。また、器具などの構造図、回路図は、原因判定資料としても必要になります。

建築物に使われる図面

1　仕　様　書

これは、工事関係の仕様を文章や数値で表したものです。映画のエンドロールで出演者や製作者、スポンサーなどが映りますが、それを表記したものだとイメージすると分かりやすいかもしれません。

2　仕様概要表

これは、土地の面積や法規上の規制、高さ、面積などを記載したものです。

3　仕　上　表

これは、建物の外部の仕上げと内部の仕上げの両方があります。外部仕上表は屋根や外壁の仕上げが表記されているので、火災調査では非常に役に立つと思います。建物構造を記入する際には非常に便利です。また、内部仕上表は実況見分時、建物内部の状況を説明するときや損害額の算定においても必要な図面だと思います。

4　面積表及び求積図

面積表は、敷地面積、建築面積、各床面積、延べ床面積、工事面積、施工面積などを表にまとめたものです。

求積図は、敷地面積、建築面積の工事計画工事費算出のために必要な図面です。

5　敷地案内図

該当建築物周囲の建物や施設、方位、道路状況等が記入されているものです。

6　配　置　図

建築基準法上の判定上、敷地と道路、隣地境界、敷地と建築物の関係は非常に大事なものとなるので、建築物の形状や方位などを表し、図面にしたものが配置図です。

7　各階平面図

各階の建築状況が把握できるように、フロアのある高さから水平に切った状態で天井から床面を見下ろした図をいいます。主要構造部や窓、扉などの状態も網羅して記入します。

8　立　面　図

建築物の外観を四方面から見た状態の図をいいます。

外部からの出火の場合、非常に効果のある図面になると思います。

9　断　面　図

建築物を縦に切った断面を示すものです。各階のフロア内が複雑多様なものは図面数も増えます。高さ関係を表すものなので、設計上重要な図面となります。

10　展　開　図

建築物の外観を見たものが立面図だと紹介しましたが、内部を四方面から見た状態の図が展開図です。展開図を作成することにより、回り縁や建具、壁（腰壁等）の高さの状態が確認できます。これは建物内の復元状況を描く場合に非常に役立つと思います。

11　矩　計　図

これは、断面図の詳細図となるものです。

12　天 井 伏 図

平面図と逆で、フロアのある高さから水平に切った状態で床面から天井を見上げた図をいいます。照明器具や、場合によっては消防用設備等（スプリンクラー設備のヘッドや自動火災報知設備の感知器等）も記載されているので、役に立つと思います。

13　平面詳細図

その名のとおり、平面図を詳細に描いたものです。縮尺を１／20や１／30にして、建具や窓等の収まり方、壁の下地や仕上げ等を事細かに記入していくので、現場では、職人さんは平面図ではなく、平面詳細図を見ています。

14　部分詳細図

今までの図面が完成予想図若しくは完成図だとすると、こちらは組立図をイメージしてください。取付け方や注意事項などが詳細に記入してあります。モデラー（職人さん）が絶対必要とする組立図（設計図）です。

15　施　工　図

こちらも部分詳細図と同様の図だと思ってください。

16　建　具　表

建具の仕様一覧が網羅されている図面です。建具の図面、寸法、型式等が記入されています。

17　確認申請図書

これから建築しようとする建築物が建築基準法などの法令や各種基準に適合しているかどうかの審査に必要な書類です。建物の建築にあたっては、設計図書に基づいてまず建築確認を取得し、工事の着工、中間検査、工事完了、完成検査（検査済証の取得）といった審査が必要になります。消防同意の際には提出される書類なので、参考までに記載しました。

簡単なものですが、ざっと挙げてもこれだけの図面があります。イメージしやすいように書いたので建築的な表現とは多少違いますが、難しい言葉を並べるよりもイメージしてもらって親しんでもらうことが大事だと思いますのでご了承ください。

Ⅱ

平面図などの作成

1　平面図などの作成
～ポイントと注意点

平面図などの作成に共通するポイントと注意点は、以下のようになります。

ポイント

- 方位は原則として北を上方とする。
- 縮尺は、基本的に建物平面図を1／100とし、大きな建物等や図面の目的に応じて、1／200、1／300と縮尺を変更していく。
- 長さの単位を図面ごとに統一する。
- 図面と本文で使用する文言を統一する。
- 建物名称は正確に記載する。

いずれにせよ、これらの要素は、案内図、建物配置図、建物平面図には必ず記されていなければなりません。

案内図

現場の位置や付近の状況を記載します。

住宅地図などを参考に作成すると良いでしょう。

ポイント

公共施設等の主要な施設から火災現場までの距離を記します。縮尺は、原則として１／1500～１／2500とします。

案　内　図

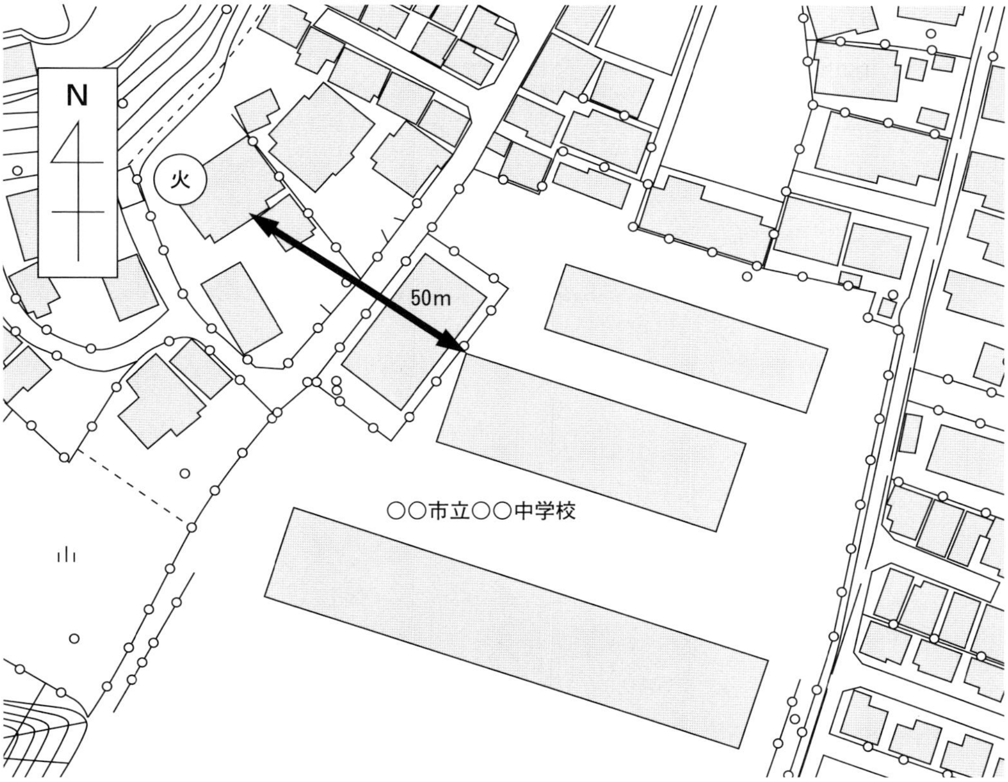

縮尺＝１／1500

建物配置図

建物配置図、建物平面図は、建築施工時の図面や、賃貸物件であれば不動産業者から入手可能な場合がありますので、積極的に活用します。周囲の状況は、実測により作成します。

いずれの場合でも、火災現場の建物配置状況、位置関係を記載し、焼きした建物だけでなく、その周囲の建物も記入しておきます。

ポイント

- 建物ごとに構造（RC・木造モルタル等）、階数を記載する。
- 建物相互の間隔・道路（通路）の幅員を記載する。
- 建物ごとに焼損程度（赤色の斜線や網掛け線（全焼））を判別できるよう記載する。
- 塀があれば、コンクリート・金網フェンス等の種類、高さを記載する。
- 大きな立木等・その他必要なものがあれば記載する。

建 物 配 置 図

木造モルタル
瓦葺
〇〇宅
2階建

↕1.0

N

h＝1.5ブロック塀

0.5
木造モルタル
瓦葺
〇〇宅
2階建

3.9

↔5.0

竹林

h＝1.0トタンフェンス

↔4.5

木造モルタル
瓦葺
〇〇宅
2階建

空地

h＝1.5ブロック塀
↔7.5

↔1.3
0.5

↕1.6

↕8.0

↔2.2

木造モルタル
瓦葺
〇〇宅
2階建

13.0
↔7.0

↕0.9

木造モルタル
瓦葺
〇〇宅
2階建

↕7.6

↔6.0

↔1.3

↔1.5

木造サイディング
ボード張
スレート葺
8.6 2階
〇〇宅
8.3

↕3.0

↕22.8

h＝1.4ブロック塀

10.8

木造モルタル瓦葺
〇〇宅
2階建

h＝1.8ブロック塀

↔5.0

木造モルタル
瓦葺
〇〇宅
2建 0.9

0.7 h＝1.9ブロック塀 ↔5.0 ↔6.8 h＝1.9ブロック塀

空地
9.8

↕4.5

h＝1.4ブロック塀
＋
h＝1.7フェンス

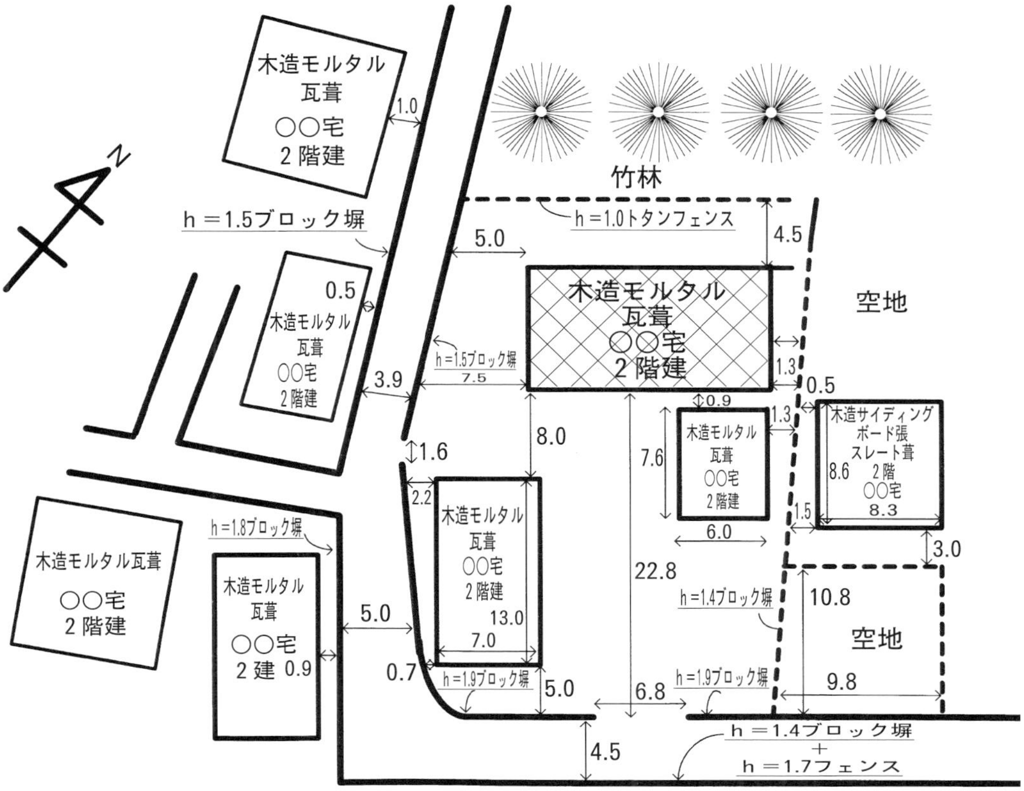

単位 m
縮尺 1／300

建物平面図

火災現場でまず最初に行われるのは、平面図の基となる間取図の作成になります。これは、その後に行われる速報のための建築面積、延べ面積、焼損面積の算定や焼損程度を判定するための資料となるからです。また、本部調査と所轄署の調査を焼損床（表）面積等で棲み分けしている場合の基準になります。

まずは、現場に着いたら画板を持ち、外周部を一周して、できれば高所から見分した後、建物内部の間取図を取りに入ります。

建物内部に入ったら、図版は常に一定方向に持つことが間違いなく内部間取りを取る上で有効です。

その場、その場で自分自身の体とともに図版の向きを変えてしまうと、初めて入った建物では、方向が混乱してきてしまうものです。いつも図版だけは一定方向を保つことで、対象となる間取りと図面の向きが一致するので、効率的に書き取ることができます。

単位が「間」で設計されているものは、自分の両腕を水平に伸ばし180㎝見当で計りながら写し取ります。最近では、バリアフリー化が進む中で１ｍを基準単位として建てる家が多く、メーターモジュールが採用されています。この場合は、メジャーを持って二人で計測しながら間取りを取るようにします。計測は、柱の中心から中心までとして行います。

最終的に出来上がった平面図が、外部から見た長さと相違ないことを確認します。この時点で、よく半間ずつずれている等の間違いを発見することがあります。また、階層のある建物では、通し柱の位置や強度壁等の位置が上階と下階で一致しているかを確認しておきます。階ごとに別紙で書き取っていれば、二枚を重ねて陽にかざして見ると一目瞭然です。

建物が５階建てであれば、塔屋も含めたすべての階の平面図の作成が必要です（建築面積の１／８までの広さの塔屋（建物の屋上に造られた階段室・昇降機塔などのこと）は、建築物の高さ及び階数に原則的に算入しない）。

図面作成にあたっては、間取りと出入口、開口部の状況を主としてとらえます。

玄関や掃き出し窓、高窓や襖などは、片開き戸なのか引違い戸なのかなどが分かるように記載します。

ポイント

- 図版は、常に一定方向に持つこと。
- メーターモジュールが採用されている場合は、メジャーを持って二人で計測しながら間取りを取る。
- 計測は、柱の中心から中心までとして行う。
- 出来上がった平面図が、外部から見た長さと相違ないことを確認。
- 通し柱の位置や強度壁等の位置が上階と下階で一致しているかを確認。
- 玄関や掃き出し窓、高窓や襖など、片開き戸なのか引違い戸なのかなど分かるように。
- 図記号の活用　現場で描く図面で各種図記号を活用すると簡素化することができる。例えば、「火災調査参考図」からコンセント記号や換気扇、ルームエアコンの記号や建築図面の略記号「R.C」「P.C」「D.S」「E.L.V」などを使用する。
- 建物名称は正確に。
- り災部分を表示する。

建 物 平 面 図

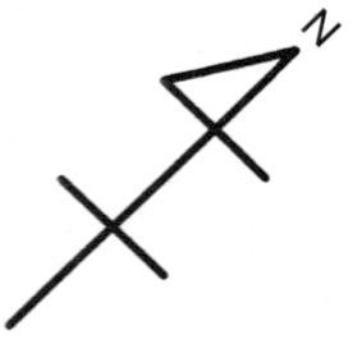

・〇〇　〇〇宅
・1階〇〇〇㎡　2階〇〇㎡
・延べ面積〇〇〇㎡
・焼損床面積〇〇㎡

1階

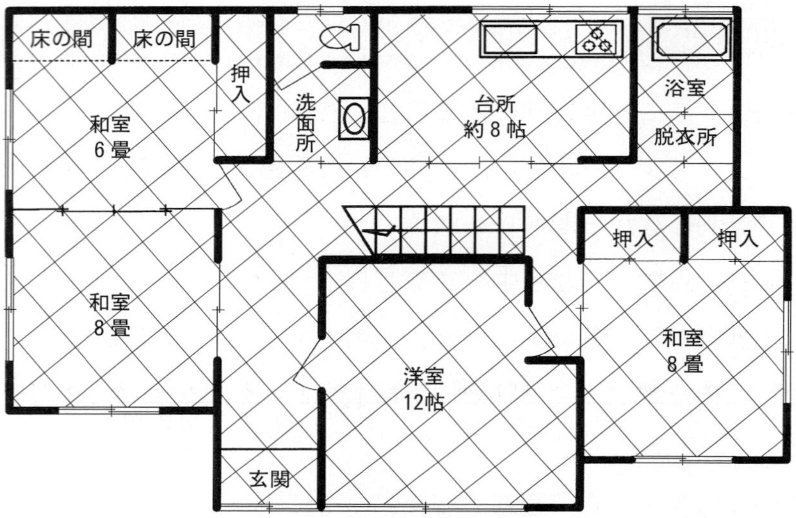

2階

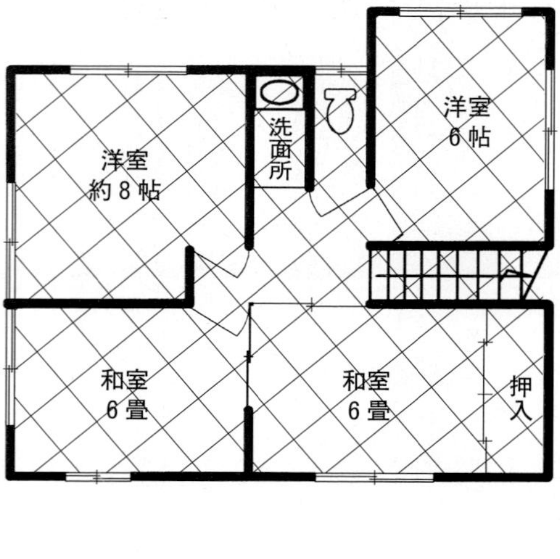

縮尺　1／100

図記号の例

図記号は、規程などで定められている消防機関もありますので、ここでは例として紹介します。

記号	名称		色別
	建物		黒
	全焼建物		赤
	半焼建物		赤
	部分焼建物		赤
	ぼや建物		赤
	死者（男）		赤
	死者（女）		赤
	避難経路		赤
	要救助位置		赤
火	出火箇所		赤
	壁体（耐火構造）		黒
	壁体（防火構造）		黒
	壁体（木造）		黒
	防火区画及び防火壁		赤
	出入口一般		黒
	両開きとびら		黒
	片開きとびら		黒
	自由とびら		黒
	回転とびら		黒
	折りたたみ戸		黒
	伸縮間仕切		黒
	引違い戸		黒
	片引き戸		黒
	引込み戸		黒
	雨戸		黒
	シャッター	防火シャッター	赤
		軽量シャッター	緑
	両開き防火戸		赤
網	鉄製網入ガラス戸		赤
	窓一般		黒

記号	名称	色別
	はめごろし窓	黒
	上げ下げ窓	黒
	両開き窓	黒
	片開き窓	黒
	引違い窓	黒
	格子付き窓	黒
	シャッター付き窓	黒
	エレベーター	黒
DS	ダクトスペース	黒
ES	電気配線関係スペース	黒
D U	エスカレーター	黒
	階段	黒
D U	スロープ	黒
	コンセント	黒
2	コンセント2口	黒

建築図面に一般的に使用される略記号の例

略記号	名称
建築構造	
R.C	鉄筋コンクリート造
S.R.C	鉄骨鉄筋コンクリート造
C.B	コンクリート、ブロック造
L.C	軽量コンクリート造
A.L.C	気泡コンクリート
P.C	プレストレスト、コンクリート
平面各部名称	
A.D	ダクトスペース
D.S	ダストシュート
P.S	パイプシャフト
M.S	メールシュート
E.P.S	電気配管シャフト
E.L.V	エレベーター
C.H	煙突
W.C	便所

詳細平面図

出火室又は出火箇所付近と推察される部屋の詳細な平面図です。家具や収容物なども記入します。

実際に現場では、基準となる柱2本から、家具や収容物といった計測物件の中央までを計測します。おおよその部屋の形を記載した図面で基準となる柱2本（柱Ａ、Ｂ）を定め、柱Ａから××㎝、柱Ｂから××㎝というように物件名（例えばテレビ）を記載して、その物件の大きさ（幅、高さ、奥行）と共に欄外に表にしておき、図面にはおおよその形と物件名のみ記載するようにします。上下に積み重ねられたもの（テレビ台のビデオ、テレビ、ビデオテープケース等）は、図の欄外に吹き出しのように立面図にしておきます。同じく、畳の上のカーペットやコタツマットなどは断面図とし、欄外に記載しておくと便利です。

ポイント

- 柱2本から計測物件の中央までを計測する。
- 家具や収容物なども記入する。
- 計測値や上下に重なるものは、余白に記載する。

現場で、おおよその部屋の形と基準となる柱や部屋角Ａ、Ｂ、Ｃ、Ｄを記載します。

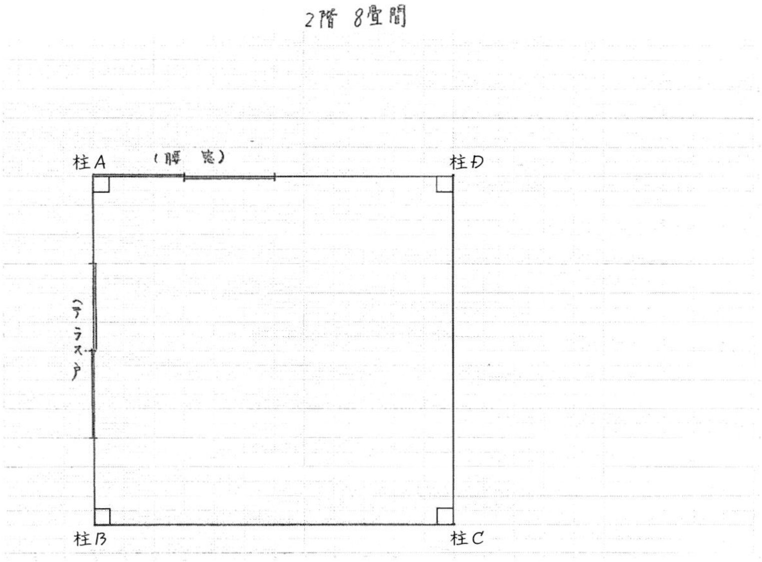

さらに、現場にある収容物を記入していきます。

また、計測値や上下に重なる収容物は、余白に記載していきます（下図参照）。

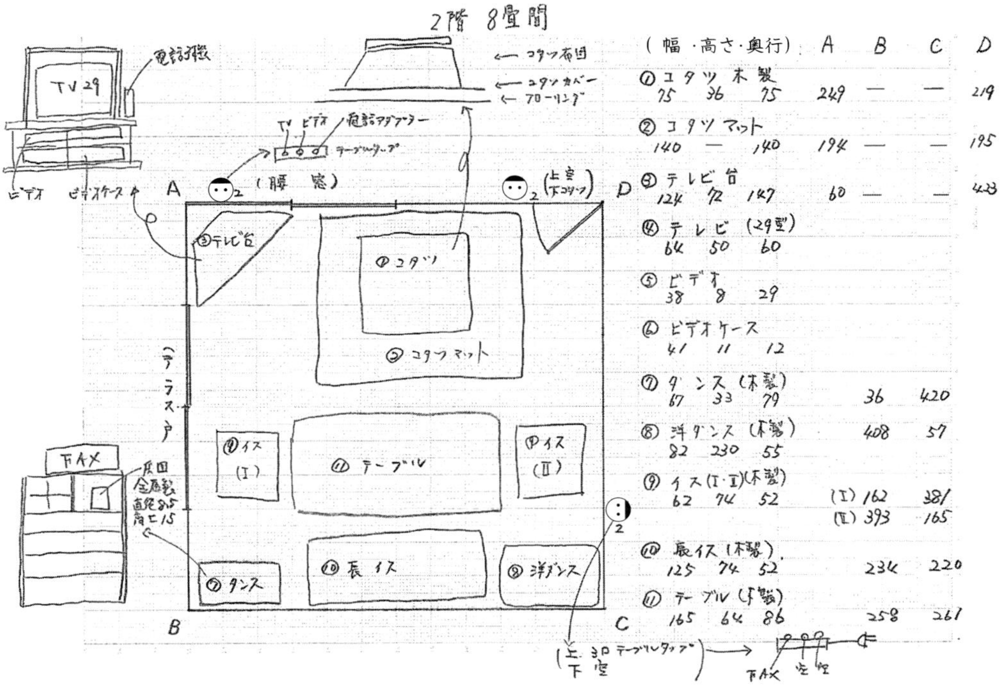

詳　細　平　面　図

2階　8畳間

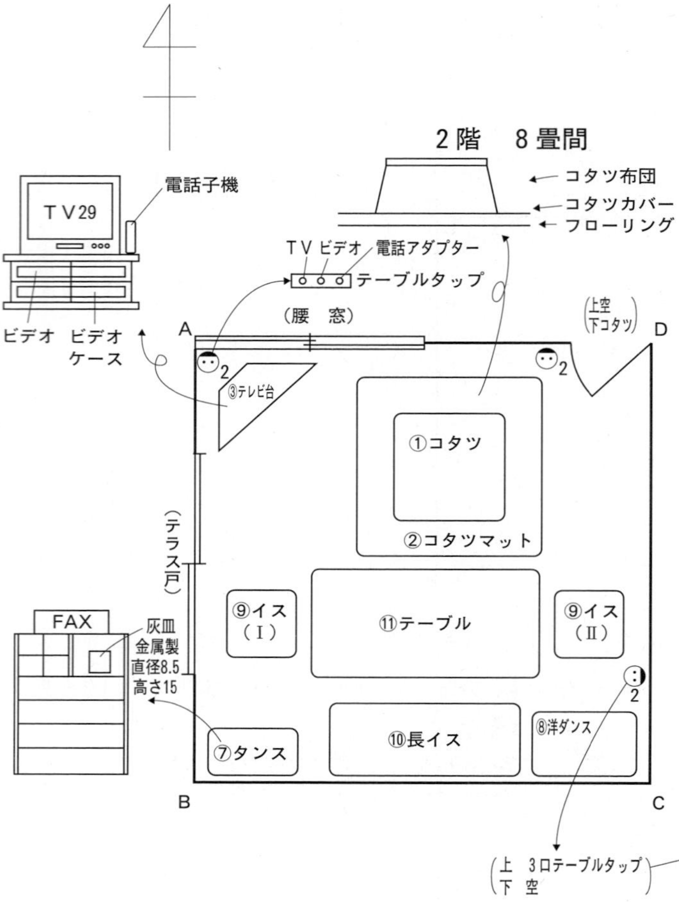

縮尺　1／25

（幅・高さ・奥行）	A	B	C	D
①コタツ木製 75　36　75	249	—	—	219
②コタツマット 140　—　140	194	—	—	195
③テレビ台 124　72　147	60	—	—	423
④テレビ（29型） 64　50　60				
⑤ビデオ 38　8　29				
⑥ビデオケース 41　11　12				
⑦タンス（木製） 67　33　79		36	420	
⑧洋ダンス（木製） 82　230　55		408	57	
⑨イス（Ⅰ・Ⅱ） （木製） 62　74　52		（Ⅰ）162 （Ⅱ）393	381 165	
⑩長イス（木製） 125　74　52		234	220	
⑪テーブル（木製） 165　64　86		258	261	

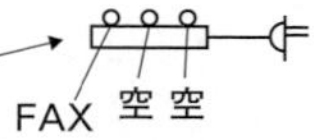

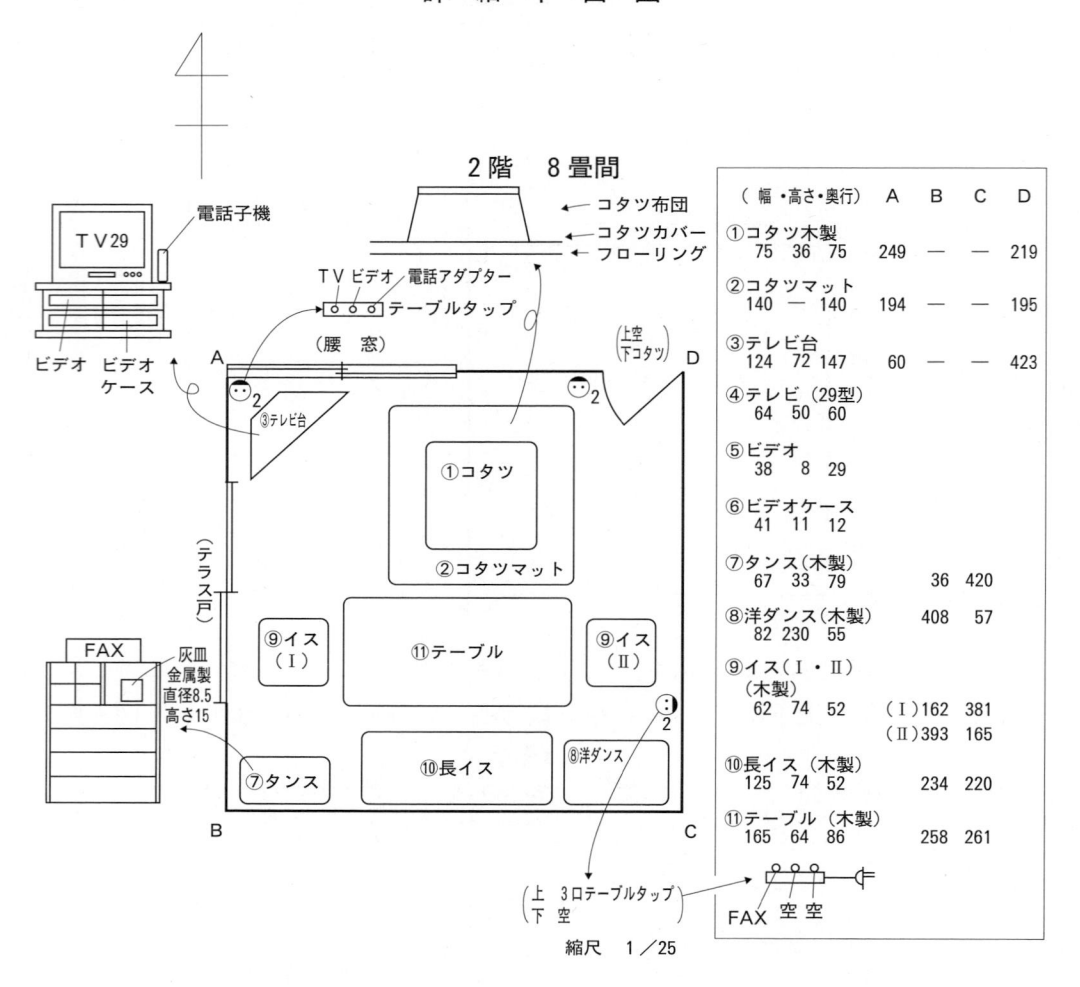

電気接続状況図

電気器具等からの出火原因を、肯定する（通電立証）場合でも否定する場合でも、出火室内の電源接続状況が必要になります。わかりやすく組解しておくことが大切です。

電　源　接　続　状　況　図

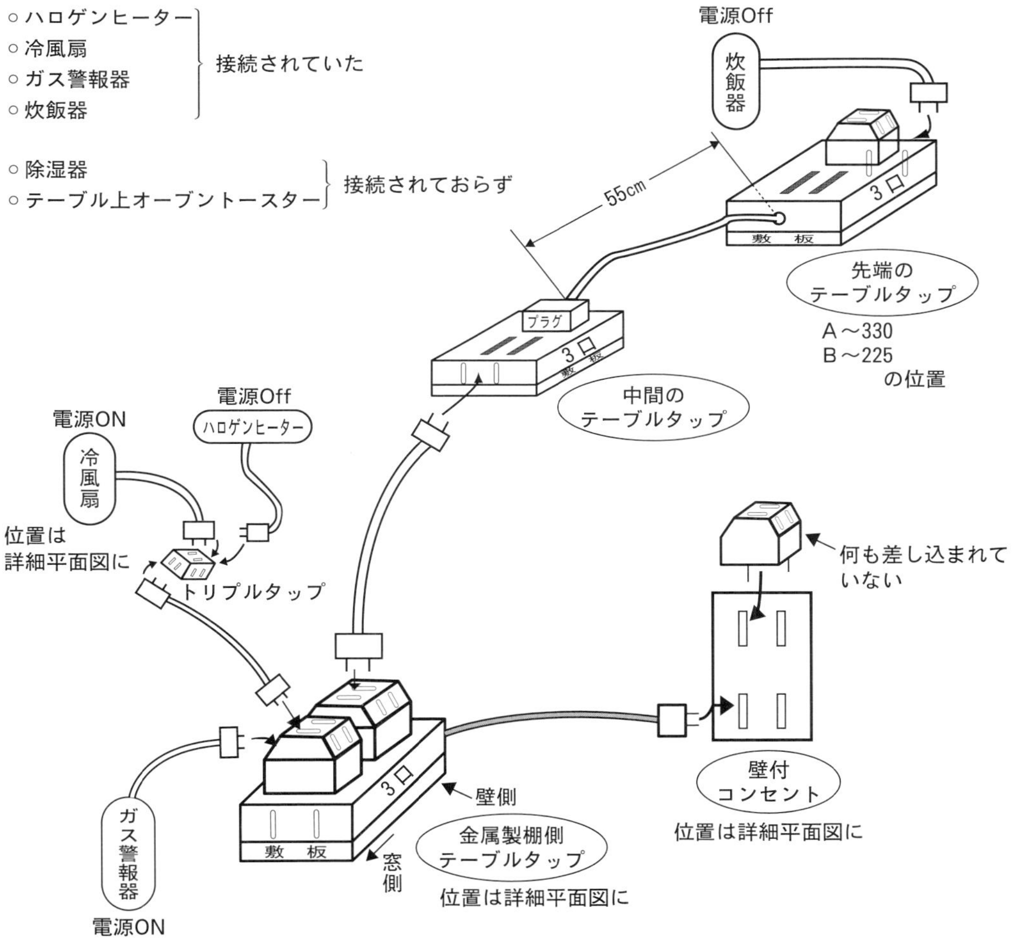

写真撮影方向図（位置図）

写真撮影方向図は、撮影した写真の信憑性を高めるためにも重要になります。

ポイント

- 俯瞰（高所）写真　焼きの有無に関わらず撮影するように心掛ける。り災建物に隣接する建物（マンション等）、はしご車などを利用して撮影する。
- 建物外壁写真　建物外壁全体が入るように、必ず四方向から撮影する。
- 床、部屋の内壁、天井写真　焼きしていない部屋でも必ず写真撮影を行う。
- 火点室写真　火点と推察される室は撮影箇所が多くなるため、別紙に表記する。各部屋の写真は、後の実況見分調書等の作成の際に使用するため、焼きの有無に関わらず、床、内壁、天井が写るように撮影する。コンロは、「ガスコンロの器具栓つまみ」の位置や、「ガス元栓」の開閉状態を撮影する。
- 火点周辺写真　発掘前と、発掘されたものをその都度撮影する。また、発掘された物を撮影する際は、対象となる物の位置を明確にするため、まず引いて撮影し、次に対象物の詳細が分かるように寄って撮影する。

火災現場記録写真　撮影方向図(1)

①は、俯瞰（高所）写真を撮影（焼きの有無に関わらず撮影するよう心がける）
撮影する場所は、り災建物に隣接する建物（マンション等）、はしご車を利用します。

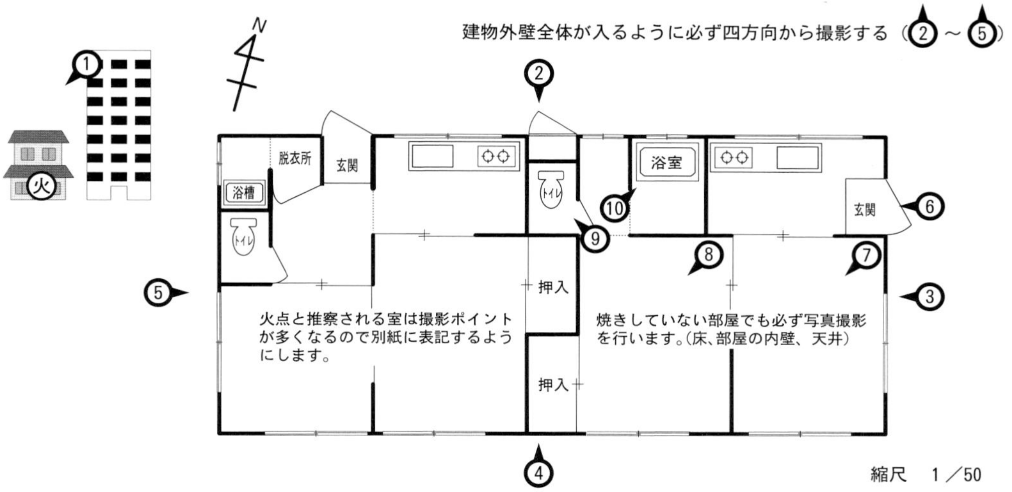
建物外壁全体が入るように必ず四方向から撮影する（②〜⑤）
N
火
脱衣所
玄関
浴槽
トイレ
浴室
玄関
押入
押入
火点と推察される室は撮影ポイントが多くなるので別紙に表記するようにします。
焼きしていない部屋でも必ず写真撮影を行います。(床、部屋の内壁、天井)

縮尺　1／50

火災現場記録写真　撮影方向図(2)　火点室

※　各部屋の写真は、床、内壁、天井が写るよう撮影し、焼きの有無に関わらず撮影します。（後の実況見分調書等の作成時に使用します。）

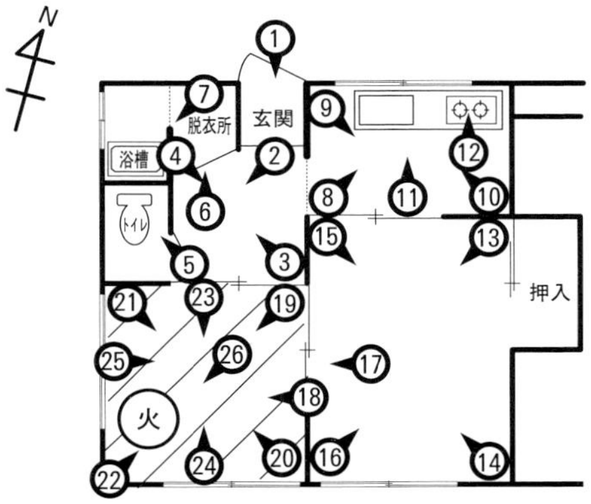
N
脱衣所
玄関
浴槽
トイレ
押入
火

⑫は、「ガスコンロの器具栓つまみ」の位置や、「ガス元栓」の開閉状態を撮影します。

⑱〜㉖は、発掘前と、発掘された物をそのつど撮影を行います。
また、発掘された物を撮影する際は、対象となる物の位置を明確にするため引いて撮影し、次に対象物の詳細が分かるように寄って撮影を行います。

縮尺　1／50

車両写真の撮影箇所は次のとおりです。

まず、三脚を利用して車体上面（ボンネット、ルーフ、トランク）、前面、後面、右側面、左側面を撮影し、次にリフトアップを行い、車両底部を撮影します。焼けの方向性が分かるように、タイヤ４本の裏表、ボンネットの裏面とエンジンルーム、トランクルーム内、車室内、その他は発掘（分解）を行い、その都度各方向から撮影します。

火災現場記録写真　撮影方向図（車両）

エンジンルームから出火

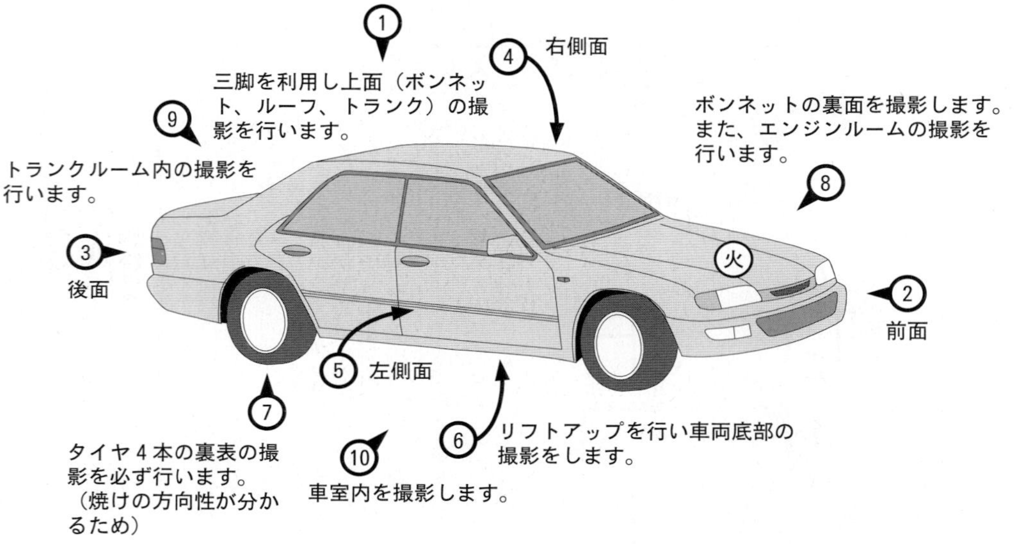

①
三脚を利用し上面（ボンネット、ルーフ、トランク）の撮影を行います。
④ 右側面
⑨
トランクルーム内の撮影を行います。
ボンネットの裏面を撮影します。また、エンジンルームの撮影を行います。
⑧
③
後面
火
②
前面
⑤ 左側面
⑦
タイヤ４本の裏表の撮影を必ず行います。（焼けの方向性が分かるため）
⑩
車室内を撮影します。
⑥
リフトアップを行い車両底部の撮影をします。

死者の状況図

詳細平面図と同様に基準となる柱２本を定め、頭部、胸部（背部）、四肢の関節部、手の甲（手のひら）の位置を計測します。また、その時の体位（仰臥位、側臥位、腹臥位等）を記しておきます。

実況見分作成時、必要事項として服装、所持品、焼損（火傷の部位、程度等）を図面の中にメモしておくと便利です。

死者の状況図

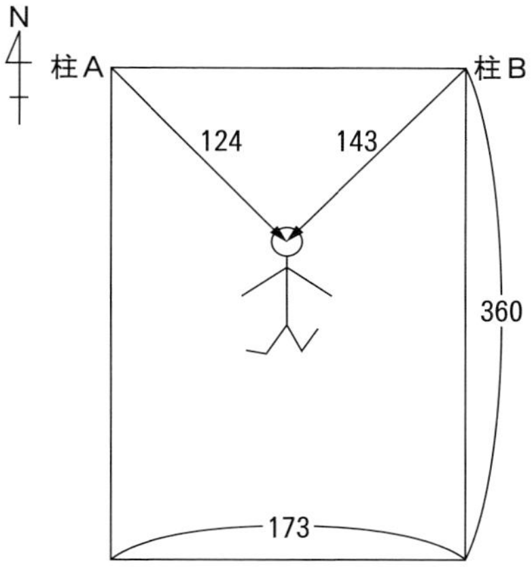

焼死体位置計測図

計測起点 部位		柱Aから		柱Bから	
頭部（中心）		124		143	
左　肩	右　肩	135	121	135	159
左肘下	右肘下	164	140	144	186
左手背	右手背	187	152	149	216
左　膝	右　膝	211	210	212	221
左　踵	右　踵	188	167	179	205
第七頸椎		128		147	
腰部		161		166	
備考　左手首に腕時計を着用、針飛びのため時間確認できず					

単位：cm

体位は、頭部を北側にして上半身を仰臥位、下半身は座位の状態である。身長約163cm

器具などの構造図、回路図

これらについては、作成する必要はありませんが、実況見分で説明される部位などを分かりやすくするために参考として添付したり、原因を究明するために取り寄せておくことが必要になります。回路図などは、電気製品などの鑑識を行う際に必要になってきます。

家電製品などで複雑な回路部分について理解する必要はないと思いますが、最低限どこが給電部でどのように電流が流れているのか、安全装置はどのようなものが使われているのかを知ることは必要です。

電気は、回路が閉じて初めて電流が流れます。閉じた図形（円や輪のようなもの）となって初めて電流が流れ、家電製品が機能します。したがって、そのものから電気的原因で出火したと証明するには、通電立証（回路が閉じていたとの証拠）が不可欠です。

余談になりますが、車などではイグニッションキーが挿さっていなくても、クラクションやヘッドランプ、ハザードランプなどは各スイッチを入れることで使用できます。リレーなどを介してスイッチしているものは、リレーの接点（舌片）が不良で貼り付いてしまうと通電状態になってしまいます。

また、圧電スイッチを利用したものなど、スイッチが復元しなくなると同じく通電状態になります。

現在、安全装置は二重構造になっています。例えば、ヘアードライヤーなどはサーモスタットと温度ヒューズが組み合わされています。しかし、自家修理などで温度ヒューズが外されサーモスタットが不良を起こすと、出火することがありますので、機器の内部回路を知ることは原因調査において大切です。

ABSユニット回路図

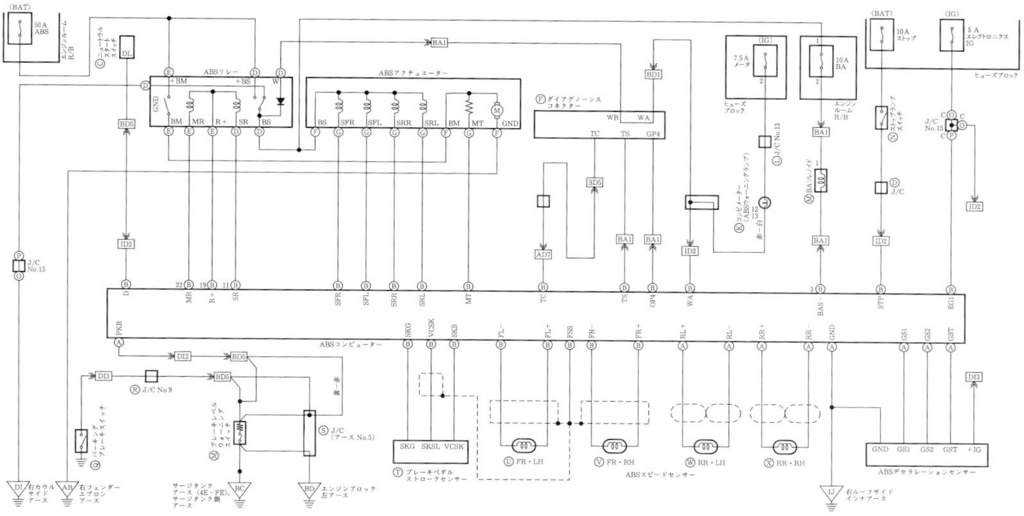

ヘアードライヤー回路図

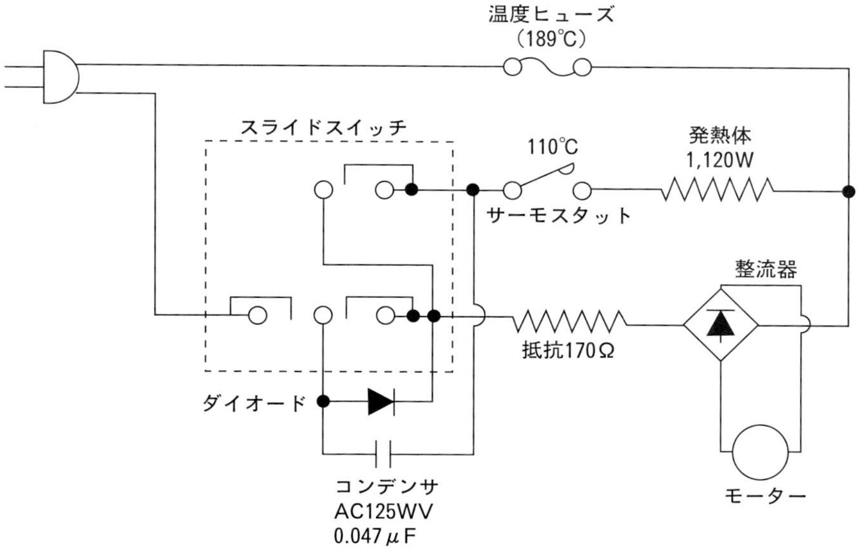

その他状況に応じて必要になる図面

状況に応じて必要になる図面として、現場発掘前の確認図面が挙げられます。

間取図を基に火点室と推察される部屋を黒板や巻き取り図版に写し取り、警察や火元関係者を交えて内部の収容物を聴取して書き込んでいきます。部屋のどの位置にどんな家具や電気製品が置いてあったのか、火源となる物がどの位置にあったのか、コンセントの位置はどこにあり、どのような器具を接続したのかを火元関係者から聞き取り、書き込んでいきます。黒板や巻き取り図版を利用するのは、これから調査や捜査に入る者に情報の共用を図るものであり、非常に重要なものとなります。

言葉で言い表せないような物件は、直接火元関係者に書いてもらうのも有効です。また、名前や地名、生年月日の字句を実際に書きながら質問調書を取ると間違えることなく、また、関係者への重複した質問を防止することができます。「さっき、警察の人に話したよ」などという言葉を現場でよく聞きます。調査をスムースに行う意味でも、警察と合同で行うことが肝心です。

また、焼失してしまった内容物などの大きさ、特徴（タンスなどの引出しの数など）を関係者に直接書いてもらうと、後に作成する復元図の精度を上げることになります。

こうして出来た黒板上の図面を紙面に書き取っていきます。この図面が詳細平面図、復元図の基礎になります。

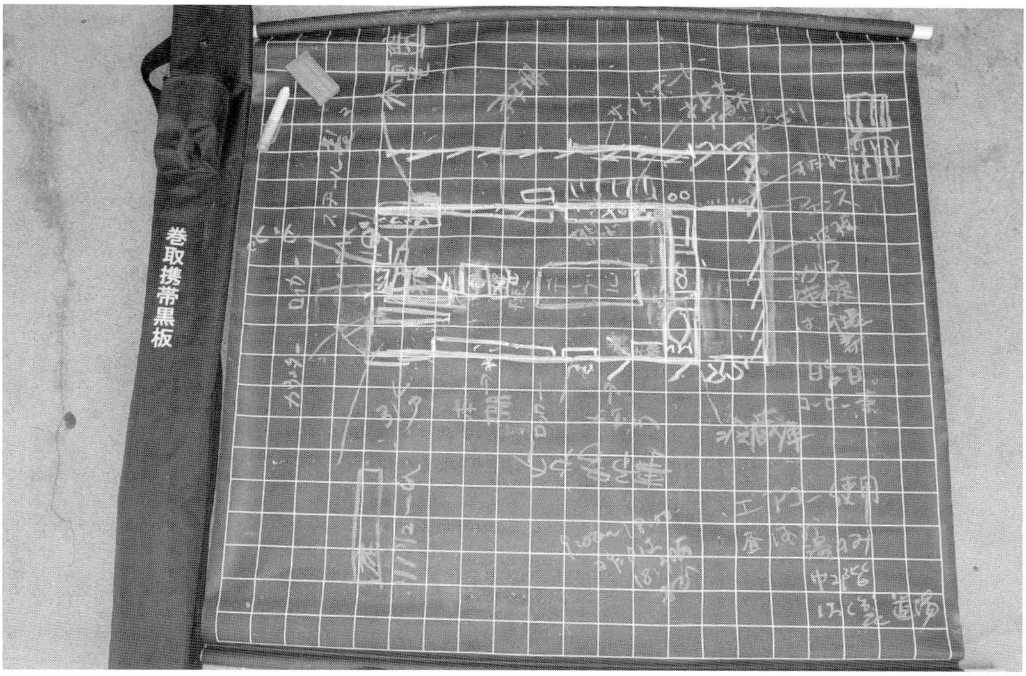

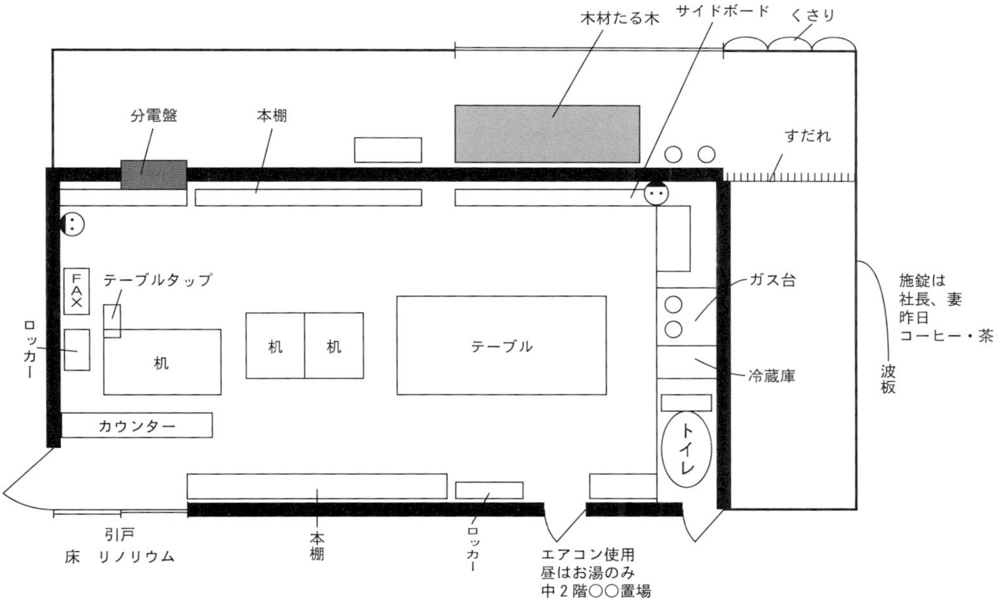

事務所
9 ：00〜18：00
昨日は18：35まで

2　作図に役立つ道具

筆記具について

現場では、雨天用紙を活用されることが多いと思われますが、紙質がつるつるしている割には、細くて硬いシャープペンシルの芯はひっかかり、芯折れしてしまいます。シャープペンシルには、製図用のものがあります。それらのペンで、0.5～0.9㎜のＢの芯を選択すると非常に滑らかに書くことができます。

また、消しゴムはよく現場の残渣の中に転がり紛失してしまいますので、ペンシル型の消しゴムを胸ポケットにさしておくのが良いでしょう。

テンプレートの活用

図板上で間取りをとるときはテンプレートを使うのも便利です。

平面図で、よく窓や入り口、玄関扉のないものを見かけますが、外部からの侵入による放火などの場合や他へ延焼した場合の開口部等の関係がありますので、必ず記載するようにしましょう。

筆　記　具

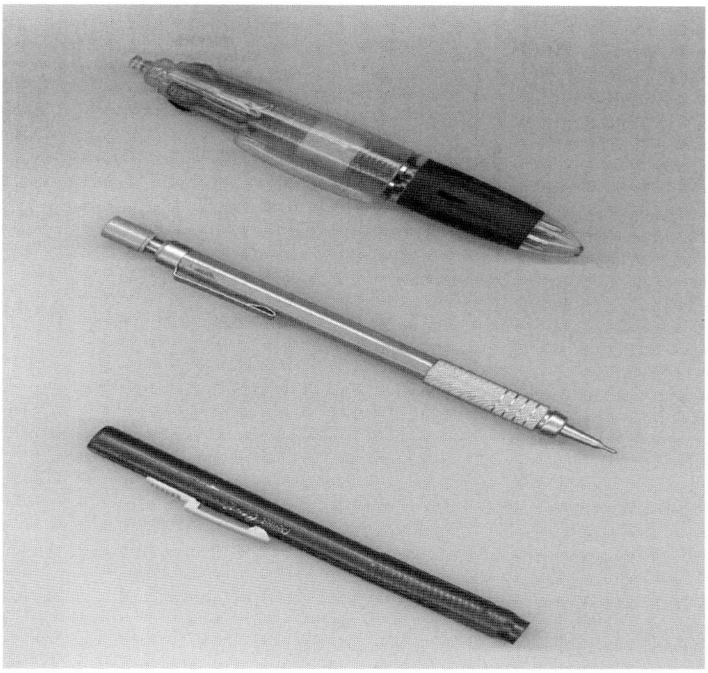

テンプレート

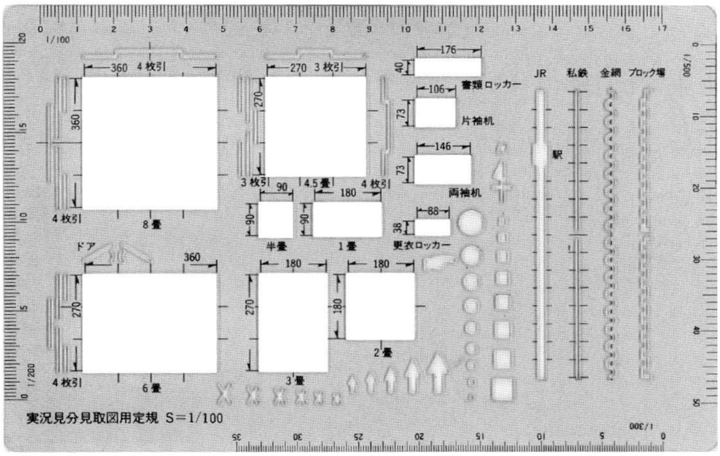
実況見分見取図用定規 S=1/100
4 枚引
3 枚引
8 畳
6 畳
3 畳
2 畳
1 畳
半畳
4.5 畳
ドア
書類ロッカー
片袖机
両袖机
更衣ロッカー
JR
私鉄
金網
ブロック塀
駅
1/100
1/200
1/300
1/500

デジタルレーザーメータの活用

位置を測定する時、デジタルレーザーメータを使用すると簡単に計測が行えます。

計測したい物にレーザーを照射するだけで基準点からの長さがわかります。

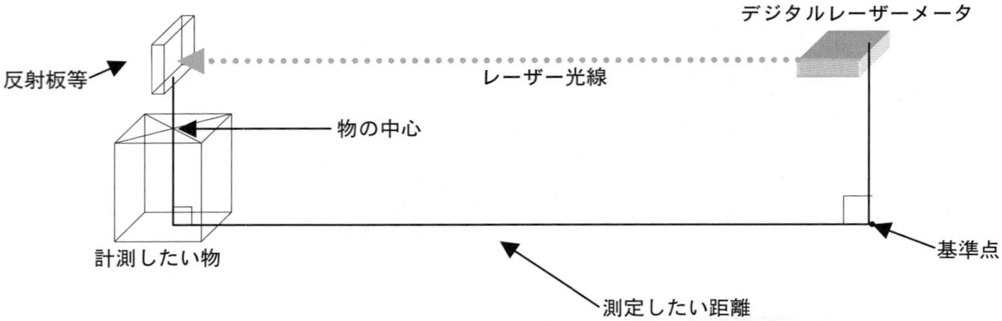

現在、各社から数種類のものが販売されています。中には三平方の定理を利用した「辺測量」が行えるものがあります。これは、例えば壁に張り巡らされた電線等、直接計測したい物にレーザー光線が照射しにくい場合や、計測したい物の前に川などがあり接近できない場合などに有効です。

三平方の定理を活用し測定してくれます。

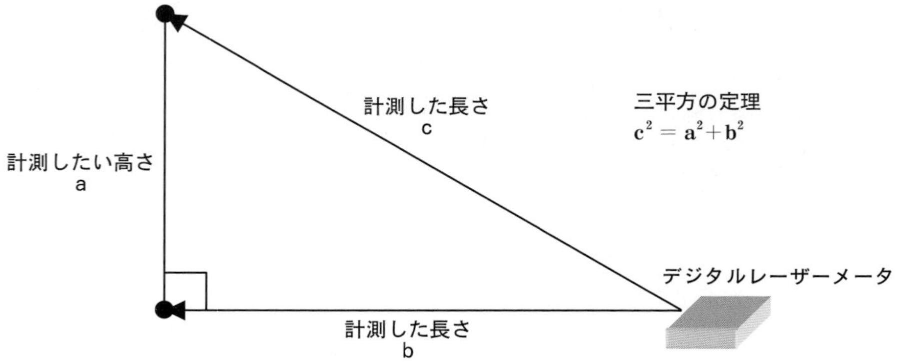

図のようにｂとｃを測定することで、計測したい高さａを求めることができます。

また、狭い場所でデジタルレーザーメータが入らない場合でも、本体から「ストッパーピン」を出すことで対応できます。部屋の隅（柱）からの測定の場合、ストッパーピンの先端を部屋の隅に接触させて計測できます（写真参照）。

デジタルレーザーメータは、火災原因調査以外にも竣工検査時の火気設備の離隔距離や消火設備の水平距離、包含距離が瞬時にわかります。

なんといっても、デジタルレーザーメータの最大の特色は、他の交通の流れ（人や車）を妨げることなく瞬時に測定ができることです。増築されたスーパーの面積確認など、買い物客がいくらいてもその流れを妨げることなく測定ができます。

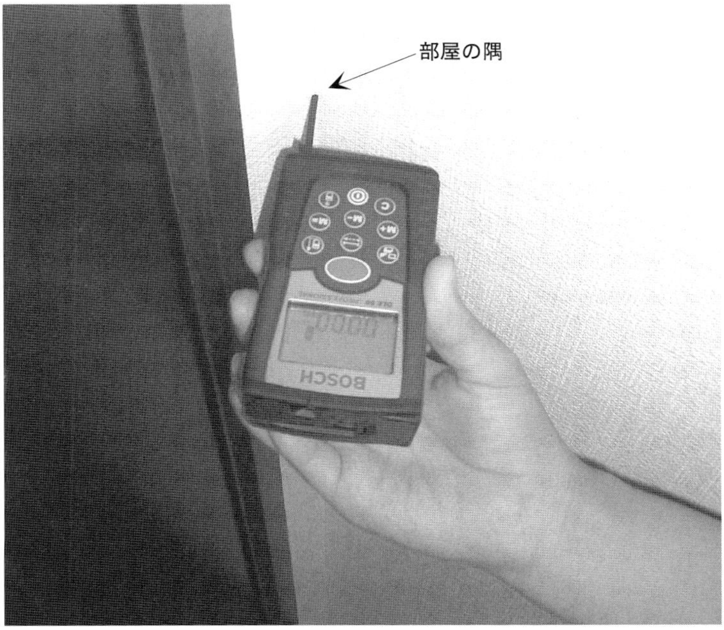

方位計とその使い方

作図作業から話が外れてしまいますが、方位計の利用方法をここで紹介します。

この方位計は、16方位を採る実況見分調書には、抜群の威力を発揮します。

図面方位の北にプレートの北の向きを合わせ、建物中央に置くと三文字方位（北北東など）がとても分かりやすく、火災原因判定書の見分を表記する際や、読んで確認するときに便利です。

また、このプレート周囲のスケール（1／100など）で図面の計測確認もできる優れものです。

方　位　計

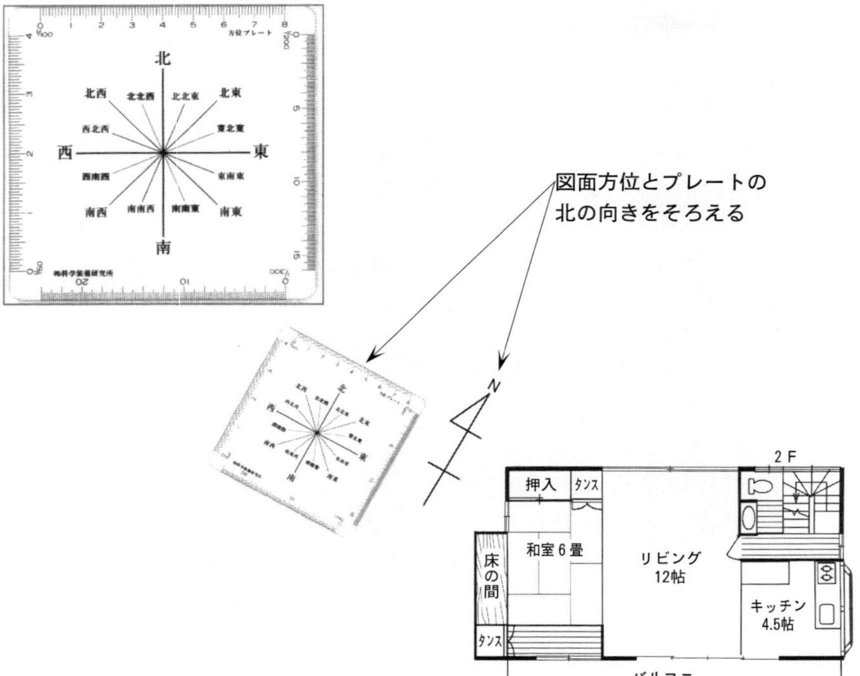

（図面方位の北にプレート北方位を合わせる）

まずはじめに、建物平面図の対角線を結び、その交点に北に位置合わせした方位プレートを置きます。

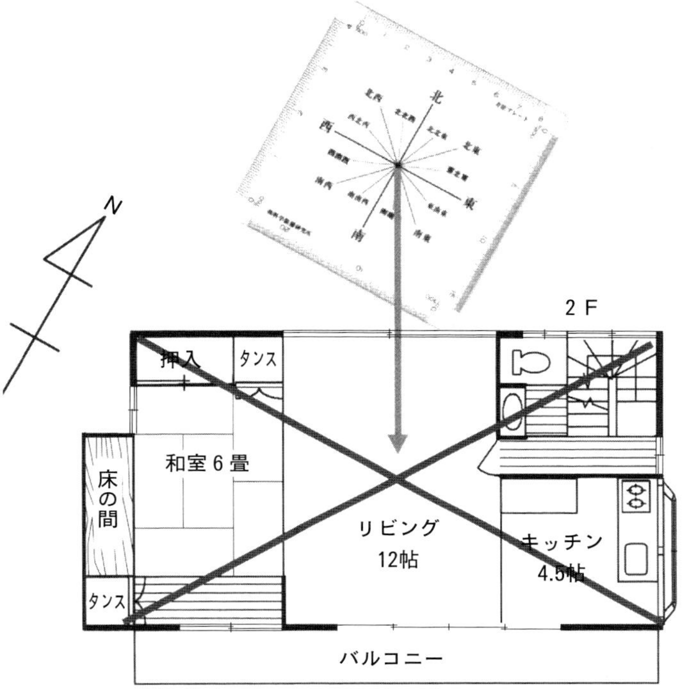

（平面図の対角線を結んだ図）

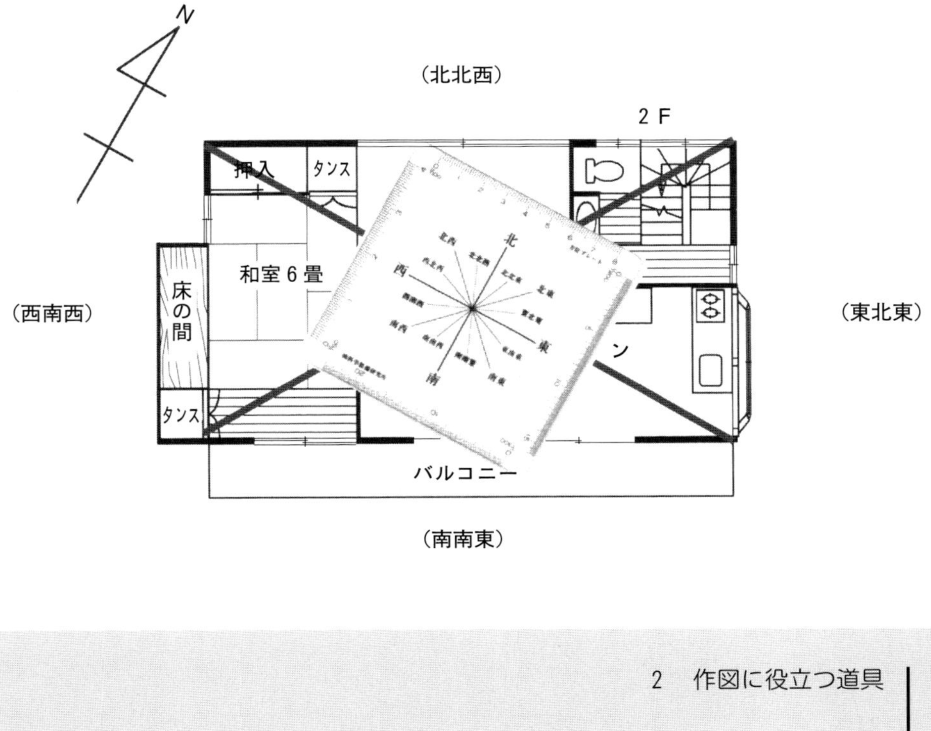

方位は、ここでいちばん近い方位（図面の直上方向に北と北北西のどちらが近いか）・北北西を上に、南南東を下に、東北東を右に、西南西を左にとります。この状態で各部屋の位置を決めます。

記載例

○　建物２階の北北西側は、東北東からの１間の高窓と半間の高窓があり、さらに中央に２間の腰高窓がある。いずれの窓のサッシも、焼き溶融し窓ガラスは落下している。

○　建物２階の北東に位置する全折れ階段を上がると、1.5間の東北東、西南西方向に伸び廊下が位置し、さらに南南東側《視点が階段上がり口廊下上にあることに注意》は、東北東側に約1.5間の出窓付き約4.5帖のキッチン、その西南西側《視点がキッチン中央にあることに注意》には、約12帖のリビングが位置し……

ここでいつも注意しなければならないことは、方位で説明する上でどこに自分の視線があるのかを意識していなければならないことです。次の例を見るとよく分かります。

和室６畳の床の間に蚊取線香（火点）があり、説明を加える場合は、あらためて６畳に対角線を引き、その交点に方位計を移して、各建具等の位置を決めることになります。

この建物の角にあるタンスは、２階西南西側和室６畳の南側に位置するタンスになります。

始めに取った対角線（リビング上の交点から）では、南南西になってしまいます。

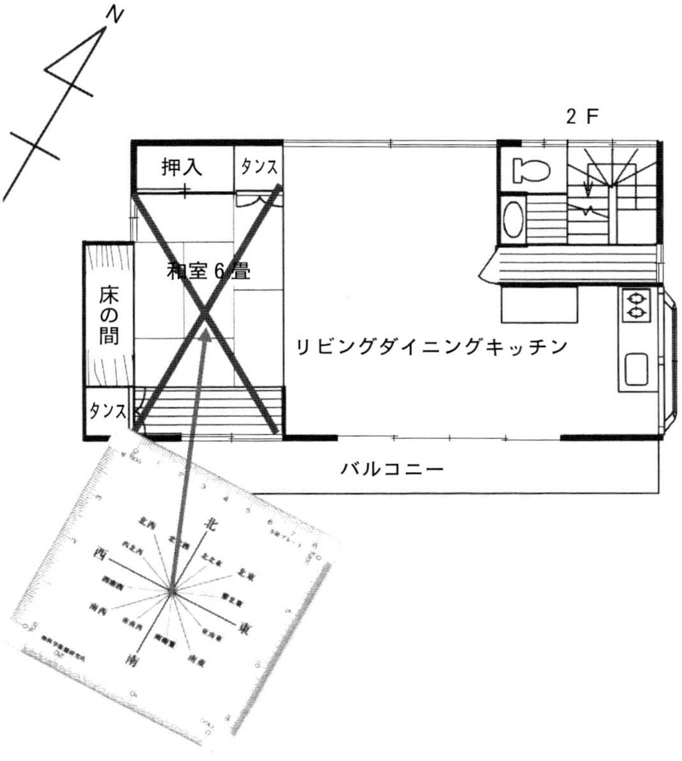
N
2F
押入
タンス
和室6畳
床の間
タンス
リビングダイニングキッチン
バルコニー
北
西
東
南

3　パソコンの活用

パソコンを利用した図面作成について

現在、図面作成用のソフトは数多く販売されています。しかし、目的用途によっては、その使用感に善し悪しが出てきます。今回ここで紹介するマイクロソフト社の「Visio®」は、操作が容易で火災調査の図面作成に適していると思われるものです。

ここでは、このソフトの操作要領よりも利便性について説明します。

操作要領は、各専門書を参考に確認してください。

ポイント

図面作成用ソフトの利便性

- 手書きよりも綺麗
- 縮尺の変更が容易
- 距離計測が可能
- その他

「Visio®」を活用し、現場で作成した図面を元に作図を行います。

図1は、現場で手書き作成したもので、図2は手書きをもとに「Visio®」で作成したものです。一見して、手書きで作成したものよりも鮮明で綺麗に作図されています。

図1

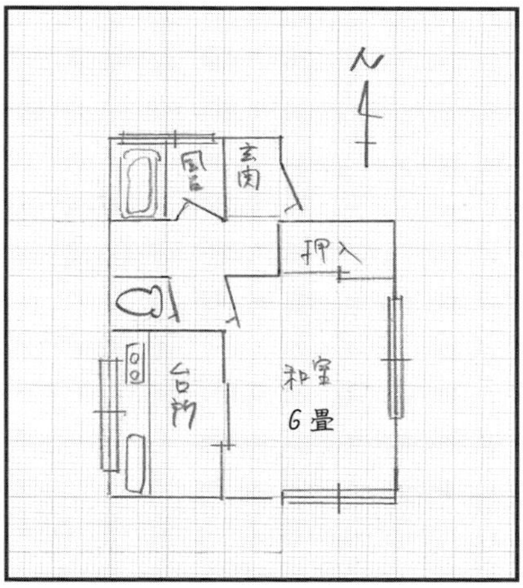

図2

また、縮尺の設定を行うことで、用紙サイズに合わせた図面が容易にできます。

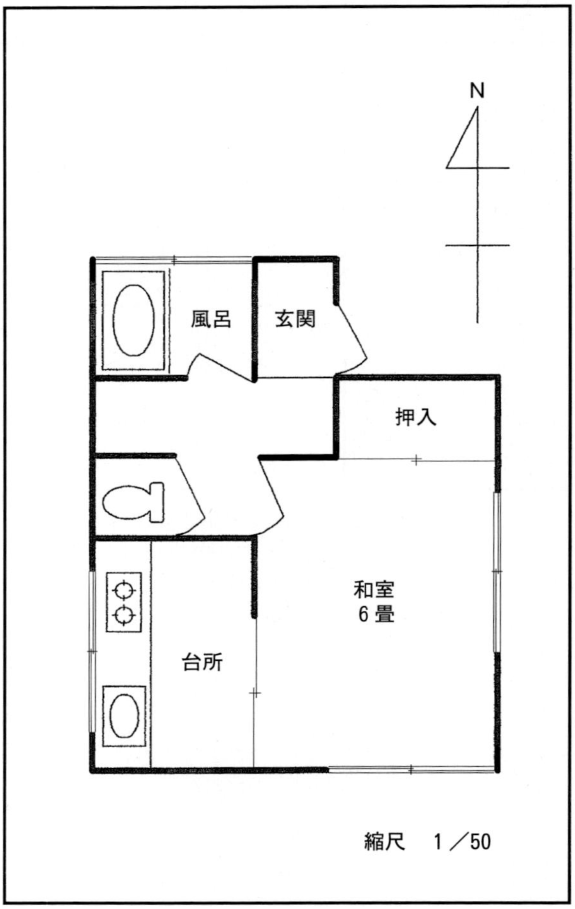

※図２を元に縮尺を１／50に拡大した図面

また、一度作った平面図から一部を切り取って縮尺の変更を行い、詳細平面図などの図面を瞬時に作ることが可能です。

ガイド線を活用

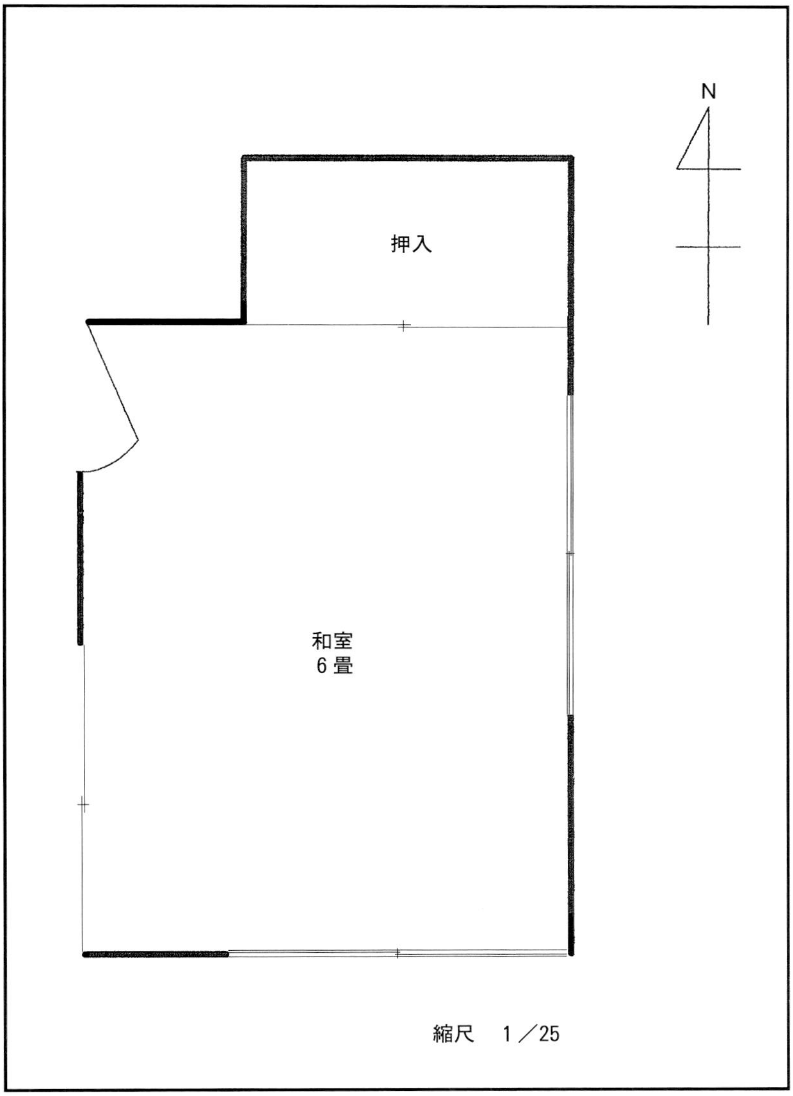

※図２を元に火点室を１／25に拡大した図面

また、共同住宅などの多層階に及ぶものの作図には、コピー機能を使用することで強度壁、柱の上下階の位置がずれることなく作図されます。

※基準となる部屋を作成。(左図は101号室を作成)

コピー機能で複製し102号室を作成する。

反転機能で103号室を作成する。

101号室から103号室をすべてつなぎ1階を完成させる。

1階の図面を複製し2階とする。

(階段等の共用部分は必要に応じて作成してください。)

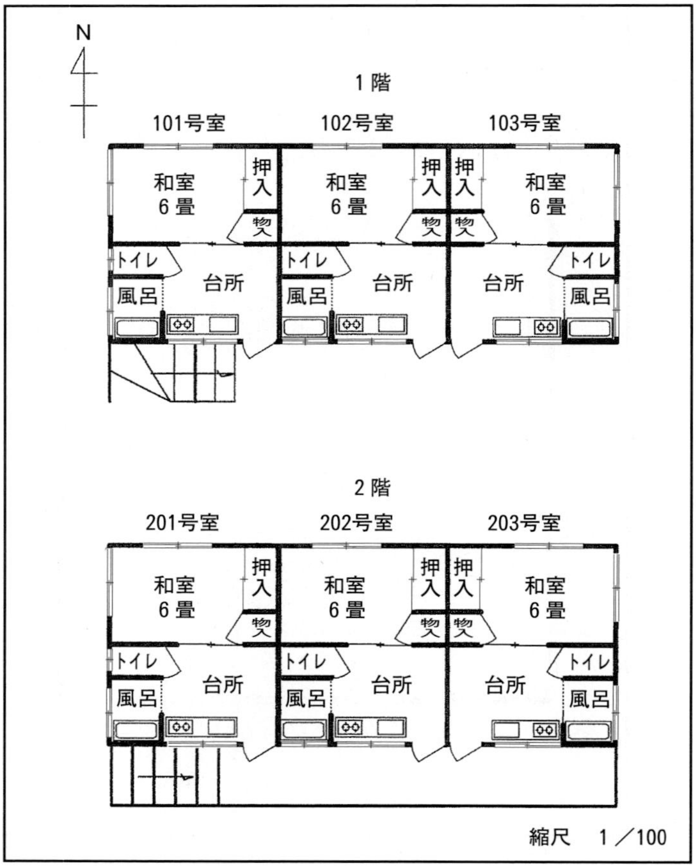

さらに、図面内部での距離計測が可能となります。

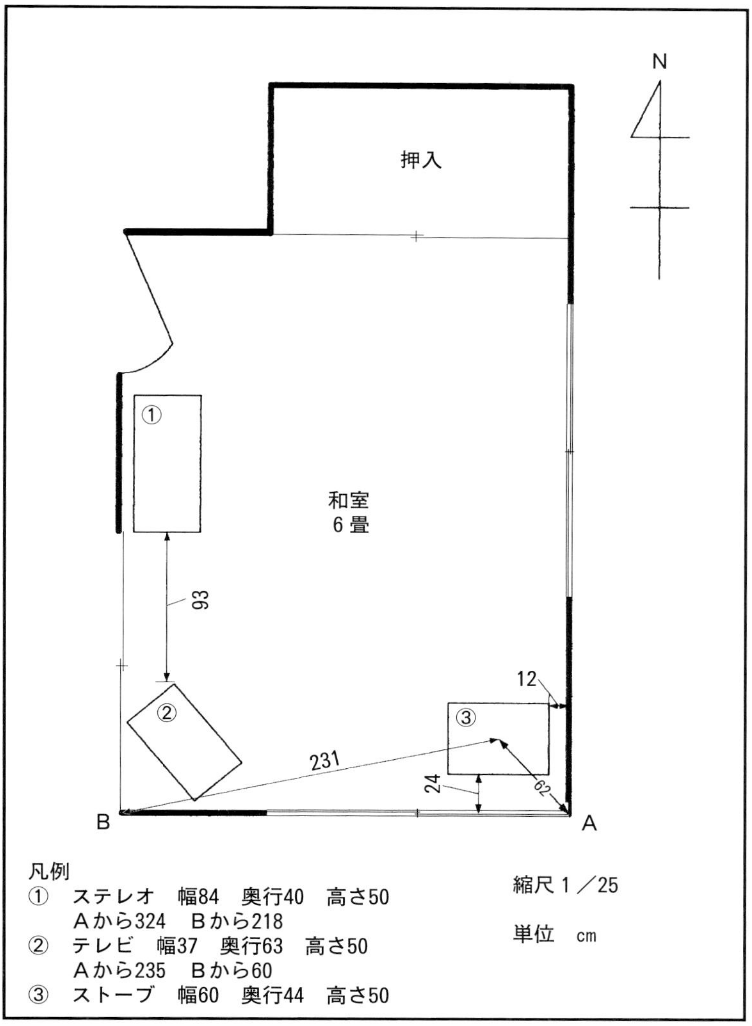

実況見分で測定した図面を利用して、取り忘れた配置物の相互間の距離や中心距離の測定ができます。

例えば、①と②の間に『寸法線』ツールを使用することにより測定できます。

また、③のように実況見分時、中心距離の測定を取り忘れてしまったときは、相互間の距離の測定と同様に寸法線ツールを使用することにより、相互間の距離が瞬時に測定可能です。

工法について

木造軸組工法とは？

木造軸組工法は、日本で昔から用いられてきた、いわゆる在来工法のことで、木の柱や梁などの軸で重さを支える工法です。

基本的に910㎜の倍数で構成されており、半間や一間、二間という言い方のほうが馴染みやすいかもしれません。筋交いなど斜めに入れた木材で骨組みを補強します。

最近ではコンピュータを用いて工場で生産するプレカット材や、接合の強度を補う金物が使われるなど、個人の技術によるばらつきを解消できるように工夫され、耐震性や耐久性も高まっています。

木造軸組工法の大きな特徴は、構造的な制約が少ないということです。筋交いなどの強度面をクリアできれば、間取りや窓の位置、大きさなどをある程度自由に設計することができます。

ツーバイフォー工法とは？

床・壁・天井の「面」で支える箱型構造で、柱の出ない大空間が容易にできるのが特徴です。

ツーバイフォー工法は、北米で生まれた工法で、日本での正式名称を「枠組壁工法」といいます。

木造軸組工法と同じ木を使いますが、ツーバイフォー工法は、床・壁・天井を面で支えます。

断面の寸法が2×4インチの角材と合板で、歪みにくい構造の面を作り、がっちり組み合わせた六面体の箱を一単位として空間を構成します。角材は数種類の規格化された構造用製材が使われますが、その中で最も多く使われる角材の寸法をとって「ツーバイフォー工法」と呼ばれるようになりました。

ツーバイフォー工法の特徴は、柱の出ないすっきりした大空間が容易にできること。台風や地震など外部から強い圧力がかかっても六面体のパネルに力が分散され、一箇所に負担が集中しないのが強さの秘密です。ただし、強度がある分、在来工法とは逆に間取りや窓の大きさで制限が出るという弱点もあります。

材料も建てる方法もマニュアル化され、加工も容易なので人件費や工期を短縮できます。

ちなみに、１インチは2.54㎝なので、5.08㎝×10.16㎝となります。

プレハブ住宅

プレハブ住宅は主要構造材によって３種類に大別できます。他工法に比べて手間が少なく工期が短いのが特徴です。あらかじめ工場で生産された部材を現場に運んで建てるところからプレハブ住宅と呼ばれています。工業化住宅や工場生産住宅ともいいます。

主な材料によって「鉄骨系」「木質系」「コンクリート系」に大別されます。いずれも、全国的に事業展開しているハウスメーカーが扱っている場合がほとんどです。

プレハブ住宅の特徴は、一定の基準をクリアした商品に限り「優良工業化住宅」の認定が与えられていますので、いわば客観的な評価を得た住宅といえることです。またメリットは、完成品のイメージがつかみやすいこと、他の工法に比べて現場での手間が少なく工期が短いことなどが挙げられます。

では、材料別に説明してみましょう。鉄骨系は主に軽量鉄骨を骨組みの材料とした住宅です。鉄骨系では、工場でボックス型の箱（ユニット）をつくり、建具や設備まで取り付けて現場に運ばれてくるものをユニット住宅と呼んでいます。木質系は、構造の考え方はツーバイフォーと同じで、壁式工法の一種です。また、コンクリート系はコンクリートパネルを組み立てて、床・壁・天井を構成します。

コンクリート造

主にコンクリートの地肌を見せたり、レンガなどで外壁部分を覆った住宅に多いのが、鉄筋コンクリート造です。柔軟な材料のコンクリートを生かして、曲線を使ったものなどお洒落なデザインが得意な工法です。

工事期間は7～9か月ほど掛かりますが、耐火性・耐震性・遮音性に優れるのが特徴です。

鉄　骨　造

重量鉄骨や軽量鉄骨を構造に使った住宅は、鉄骨造といいます。

鉄骨は品質の安定性と信頼性が高く施工性に優れ、強度を生かしたダイナミックな空間が可能です。

以上のような建物の主要構造の違いによって寸法がまちまちになるので、火災調査上、構造、工法は非常に重要な部分になります。実測、聴取は慎重に行う必要があると思われます。最初につまずくと復元時、実況見分時、図面作成時に寸法が合わなくなったり、歪みが生じる場合があるので注意してください。

板　図

大工さんが、材木に加工の印を付ける墨付けの前に、1／50程度の縮尺で平面図や、伏図などの部材情報を板に書いたものを、板図といいます。板に墨やマジックで書いた設計図面のことです。

鉄筋コンクリートやツーバイフォーのようなパネル壁工法が多くなった現代では見たことのある人は少ないかもしれませんが、昔ながらの大工さんが建てている現場に行けば、必ずこの板図が置いてあり、それを確認しながら作業を進めていく様子が見られると思います。

一級建築士や二級建築士が作成する図面というのは、何十枚にもなり電話帳ほどの厚さになります。

内容は、パース（よく新聞の折込広告になっている建物の完成予想図みたいなものです)、立面図、平面図、矩形図、断面図、設備配管図…など膨大な量になります。これだけの図面を、立地場所の建築指導課や指定確認検査機関に提出するのです。しかし、これらの図面を大工さんはたった1枚（若しくは数枚）のベニヤ板上に表してしまうのです。現在では、尺や坪という表記は、SI単位（単位を世界統一基準にしましょうという国際的な決まり）の導入により、営業などにおいては禁止されています。昔は、不動産屋さんの表に「何坪何万円」と書かれていたことが多かったと思いますが、今は「何㎡何万円」という表記が見られるようになったのはそういう理由からです。大工さんは、墨壷や尺定規など、伝統的な道具を自在に操りながら、1枚の板に建物のすべての情報を表記していきます。ですから、たとえ一級建築士といえども、板図を把握できる人はそうはいません。板図は、日本古来の在来軸組工法を支える大工さんの世界で使われる独特な技法なのです。機会があれば、どこかの現場で見せてもらうのも参考になるでしょう。

板図（基礎）

モジュール：910

1階階高：2895㎜

（土台上端～胴差上端）

大引欠き：90㎜欠き

根太彫り

（根太：45×45）

・和室：45㎜欠き

・洋室：転がし

天井高：2400㎜

床仕上高

和室：72㎜

洋室：69㎜

土台：120×120

芯寄せ　無し

間柱上下　通欠き加工

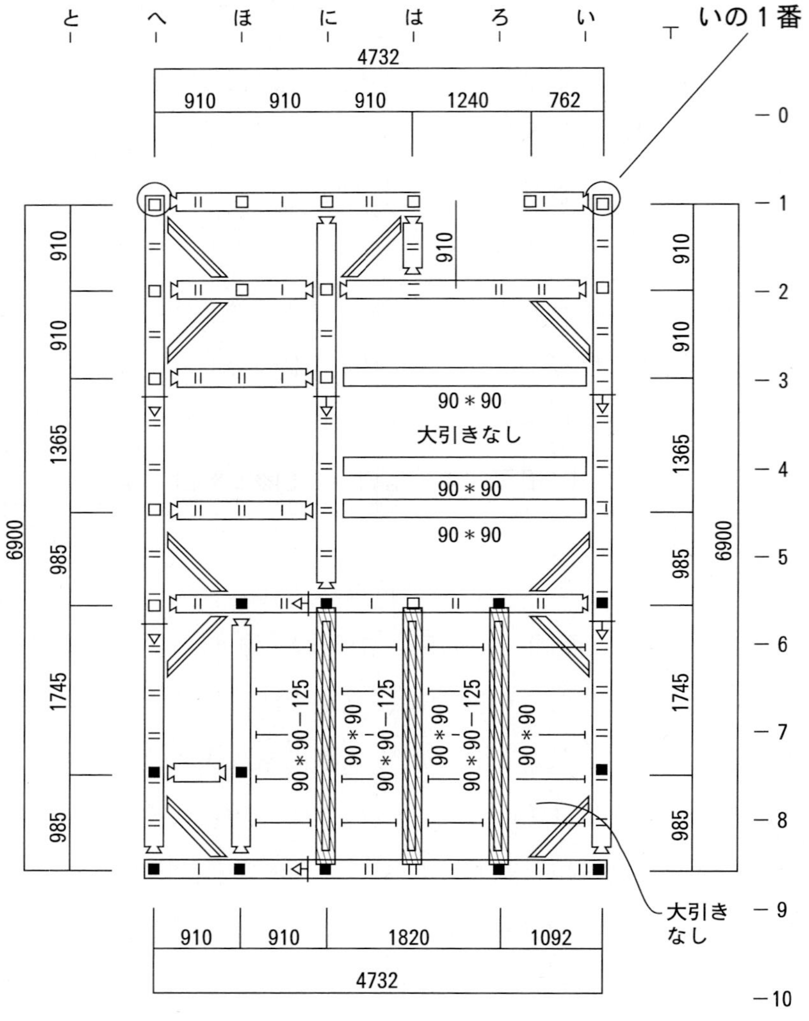

1階床構造平面図　1／45

板図（母屋）

屋根：5.0寸勾配

（垂木：45×45）

（隅木：90×90）

母屋下がり　無し

小屋裏利月　無し

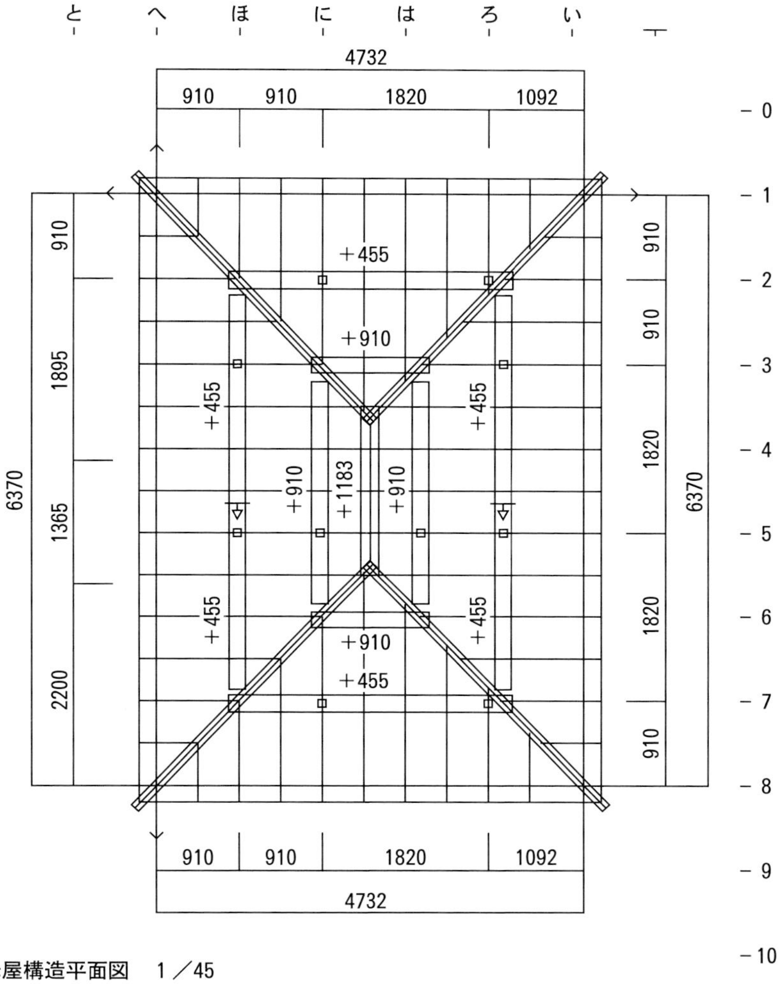

2階母屋構造平面図　1／45

建築から生まれたといわれる言葉

○ いの一番

図板の話が出てきましたが、大工さんが家を建てるときに柱の位置を点で示し、縦方向に「いろは……」、横方向に「１ ２ ３……」とふっていました。

その縦と横の「い」と「１」の交点から順番で柱を建てていきます。それで一番最初に建てられる柱が「いの一番」なのです。このことから、一番最初とか真っ先の意味になったといわれています。広辞苑では、「いろは番付の一番の意から」とされています。

○ 本音と建て前

家を建てるときに、柱や梁、棟などの主な骨格を組み立て、棟上するまでの工事を「建て前」といいます。

骨組が出来上がることによって家のかたちが決まってしまうことから、方針、原則の意とする言葉になり、本心と表向きの方針が一致していないとき「あの人は本音と建て前が違う」とかいうふうに使われるようになったといわれています。

○ 几帳面

その昔、室内の仕切りに使った道具が「几帳」で、台に細い二本の柱を立て横木を渡して「帳」（とばり）を掛けたものです。「几帳面（「面取り」の細工）」は、几帳の柱の角を削って丸みをつけ、両側に刻み目を入れたものになります。

「几帳面」は、正確な技術を要することから、行為や性格が正確・厳密できちんとしていることを指すようになりました。

○　束《つか》の間

束《つか》とは束柱《つかばしら》の略で、梁と棟との間や縁側の下などに立てる短い柱をいいます。

また、「つかむ」の意味から四本の指を並べたほどの長さ、すなわちわずかであることを意味します。

○　こけら落とし

こけらとは、「柿」と書かれ木材の薄い削りくずをいい、柿板はひのき、まきなどの薄い板を意味します。柿板は、主に屋根を葺く材料に使われます。

工事の最後に屋根などの木くずを払い落としたところから、こけら落としとは、新しく建てた劇場で演じられる初めての興行をいいます。

○　うだつが上がらない

屋根の骨組みの一番高いところに使う木材である棟木（むなぎ）を支えるために梁の上に立て棟木をのせる短い柱を「うだつ」といいます。もともとは「うだち」といい、これが家を支える重要な役割を果たしていたことから棟上げのことを「うだちを上げる」というようになりました。

建築の際、梲（うだつ）が梁の上に立たなければ、棟木をのせる屋根をつけることができないこと、すなわち、富裕な家でなければ「うだち」を上げられなかったことから、立身できない意味となりました。

○　子はかすがい

二つの材木と材木の合わせ目をつなぎとめるコの字型の釘のことを「かすがい」といいます。

Column ～コラム～

「子はかすがい」とは、子供は夫婦の仲をつなぎとめる働きをするものだということです。

○　はめをはずす

はめ（羽目）とは、板を縦又は横に並べて張った壁のこと。

整然と並んだきれいな羽目をはずしてしまうことから、興に乗じて度を過ごしてしまうことをいいます。

○　結構

結構とは、結びを構えること、組み立てることをいい、家屋等の構えを作ることを表します。

このことから転じて、すぐれた、みごとなという意味を指すようになりました。

「もう結構です」のようにものを辞退するときに用いたときは、じゅうぶん、たくさんの意味があります。

○　埒が明かない

埒（らち）とは馬場の周囲にめぐらした囲いをいいます。

「埒が明く」とは仕切りがとりのけられ、物事のくぎりがつく、きまりがつく、はかどることをいい、その反対に「埒が明かない」は、決まりがつかない、解決しないことをいいます。

このように、ふだん何気なく使っている言葉の中に建築と関係した言葉が数多くあります。

Ⅲ

復元図の作成

1　復元図に透視図法を用いる必要性

出火箇所を特定していくうえで、現場での発掘、復元は重要な作業となります。

現場調査のときに実際に現場で描いた図面と関係者からの供述、発掘作業によって出火前の状態を復元（再現）していくのですが、出火前の状態の写真や家具類や電気製品が網羅された図面などは入手することがほぼ不可能です。そのため、出火室の平面図や、復元図を描くわけですが、焼けの強弱、焼けの方向などは平面的ではなく高さも含まれるため、立体的な図面がどうしても必要になります。そのために透視図を描かなければなりません。

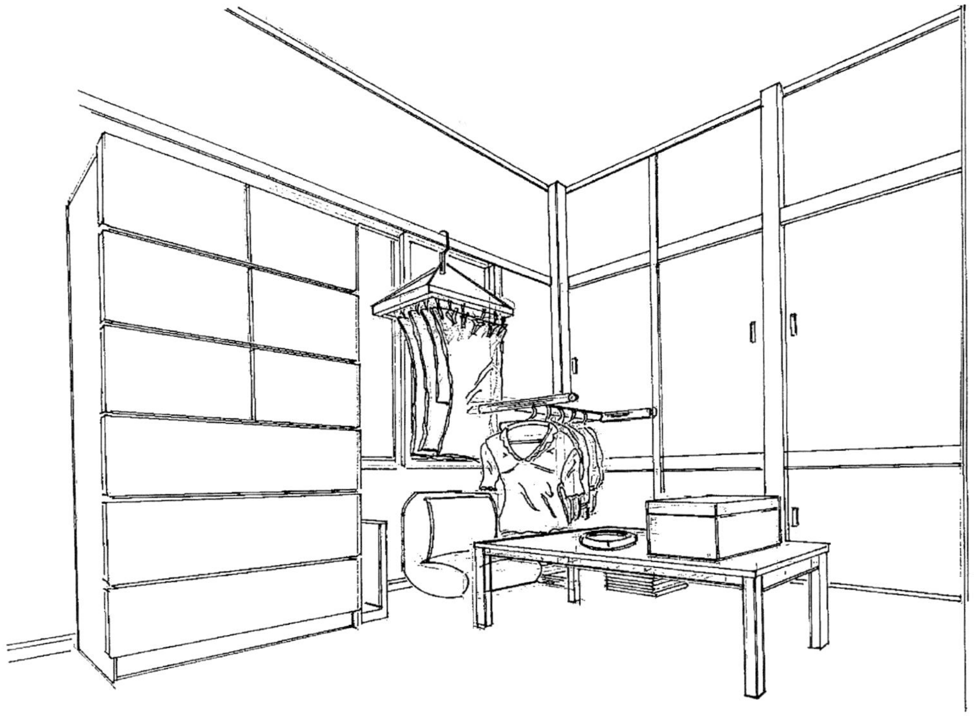

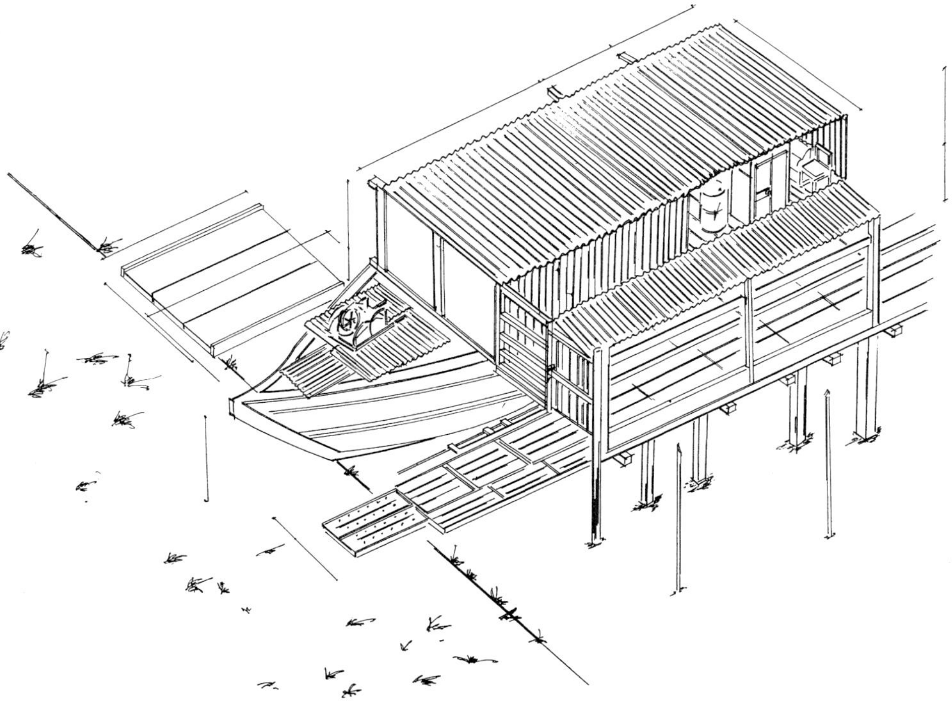

2　透視図法

透視図法とは？

透視図法とは、直方体を平面で表現するのに用いる図法です。

ここでは、火災原因判定書で効果的に利用できる一点透視図法と二点透視図法について説明していきます。

一点透視図法

一点透視図法は、画面の奥にすべての物体が一点に集中していく絵を描くときに用います。

物体が一点に集中していくので、壁面で3面、天井面、床面と5面を表示するときに便利な図法です。一点は奥行きの線を引くときに用いますが、基本的に縦と横の線は水平、垂直で引くので、要領を覚えるとさほど難しくはありません。この図法は、あくまでも建物内（室内）を表現するときに適しているもので、建物の外観を描くときに使われることはあまりありません。

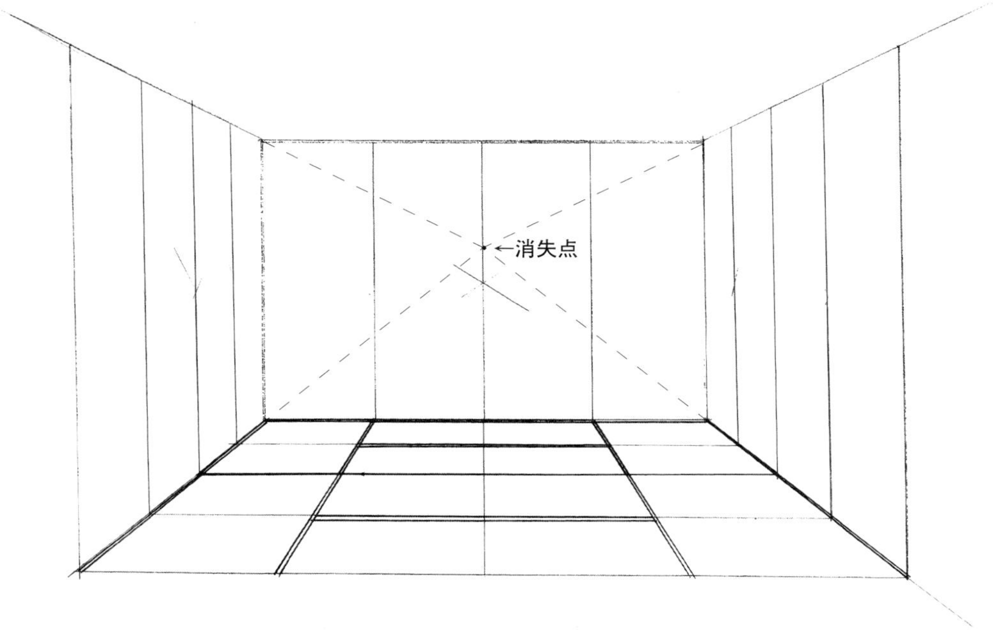

一点透視図法は、物体が奥に遠ざかるにつれて画面の目の位置（消失点）に向かって集中していく絵になります。

二点透視図法

二点透視図法は基準線（縦線）の左右に点（消失点）を定め、その点から線を引くことで絵を描く図法です。この図法の特徴は、基準線から消失点までの線の引き方を変えることで、建物の外観と建物内の両方を描けるという点です。部分的に強調したいときにはこちらの図法の方が出火点などをより詳細に描けると思います。ただし、こちらの図法にも弱点があって、外観では２面、内観でも２壁面、天井面、床面と一点透視図法より描ける面が少ない点です。しかも先程詳細に描けるといいましたが、詳細に描ける分、描ける奥行きの面積が短くもなります。

このように、それぞれの図法に長所、短所があるので、それぞれの場合において使い分ける必要があります。しかし、この二つの図法をマスターしてしまえばいかなる場合も対応できると思います。「消防職員は建築家でも芸術家でもないからできなくても仕方がない」とか「得意な職員に手伝ってもらおう」などと思わないでコツをマスターしてもらい、「なーんだ、こんな簡単な理屈なの？」と感じていただけるように図法解説をしていきたいと思います。

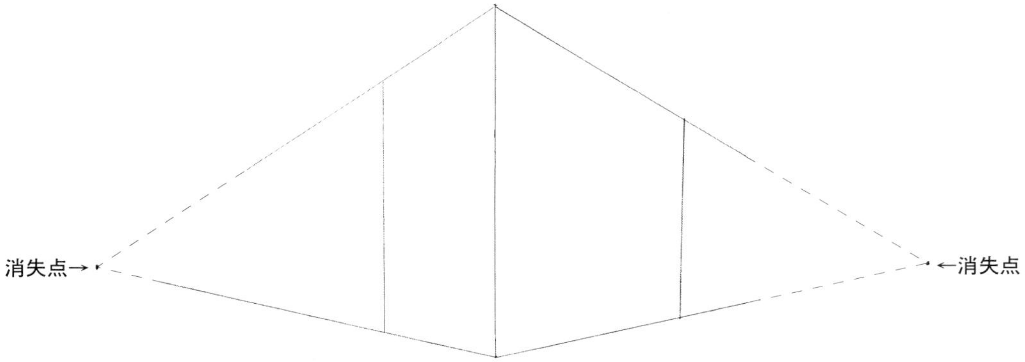

二点透視図法は、物体が基準線から左右に遠ざかるにつれて、画面左右の二つの目の位置（二つの消失点）に向かって集中していく絵になります。

図面を描くときのポイントについて

図面がうまく書けないという人達に共通することなどをいくつかポイントにしてまとめてみました。おそらく共感するところがあると思いますのでチェックしてみてください。

1　線は細く薄く引く

これは、図法上奥から手前という順に線を引いていくため、強く太く線を描いてしまうと「ごちゃごちゃになってどの線か分からない、仕上げるときに線が消えない」などの弊害が生まれてしまうため、余計絵が苦手になってしまう原因になります。最終的に見えるものだけを線で残すので、線は細く薄く引くことを心掛けてください。

2　うまく表現できないときは身近にある媒体を利用する

立体的なものはある程度描けますが、どうしても苦手なものが、曲線のあるものや、布類などのものだと思います。しかもその類は着火物となるものなので、どうしても描かなければなりません。では、そのような場合、どうすればよいかというと、写真、雑誌、マンガ、新聞広告などの媒体を利用するのです。洋服や布団などはこれらの媒体に必ず掲載されていますし、自分の描きたいアングルに近いものが必ず存在します。何も見ないで描こうとするから難しくなるので、身近にあるものを有効利用して描写するときの参考にしてください。

3　必要以上にものを描かない

図面を描くとき、基本的に雑貨類などは必要以上に描きません。

なぜかというと、直接火災に関係のないものをたくさん入れると、判定書のなかで確信的になるところが見えなかったり、ごちゃごちゃして分かりにくくなるからです。例えば、キッチン部分でおたまが5個掛けてあったとします。その場合、直接火災に関係なければ1個描くか、全く描かないかのどちらかです。

調味料入れや、引っ掛けたり、垂れ下がっているものは、最低限で構わないと思います（ただし、実況見分状況で表現するものは描いてください）。また、全く焼けていない額縁や、テーブルの上の缶類なども同様です。

4　追加で描くことがないように

せっかく出来上がったのに、あとから追加で描くと歪んだり、余計なところまで消してしまったりとイライラの原因になります。事前に構想を立てて、また、上司の判定書用に描いたりする場合などはその人が必要とする部分をよく聞いて描くようにしましょう。

5　後回しにしない

絵を描くことの苦手意識から、図面を後回しにしてしまうことが多いと思います。しかし、面倒なものほど先にやってしまわないと判定書を作成する時間がドンドン遅くなってしまいます。文章はある程度まとめておけば、構成や修正は簡単ですが、図面は構成や修正が面倒なので、なるべく早く済ませるようにしましょう。

以上が今までの経験から考えた五つのポイントです。「あ～っ！それよくあるよ～」と思うものはあったでしょうか？

立体をイメージするには

それでは、これから透視図の解説に入る前に、透視図法をイメージしていただくために簡単な図を用意したので、立体が出来上がるまでをイメージしてください。

空間をイメージしてください。

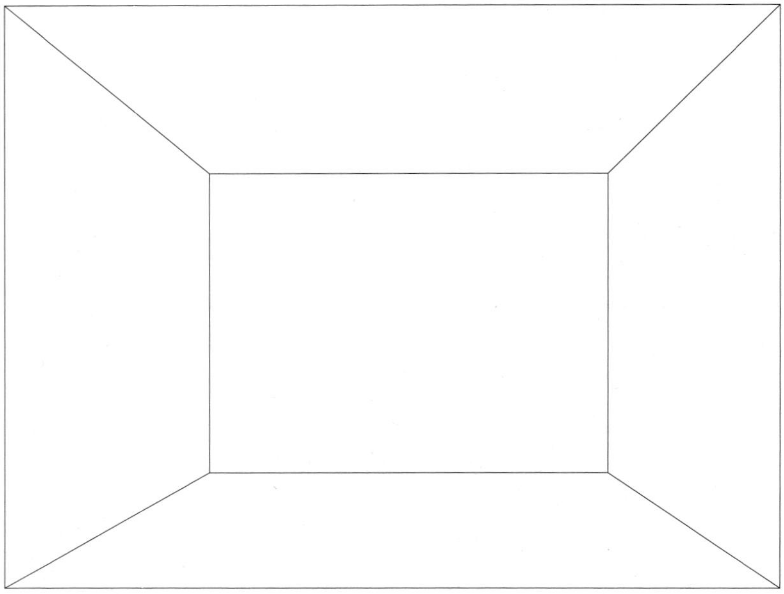

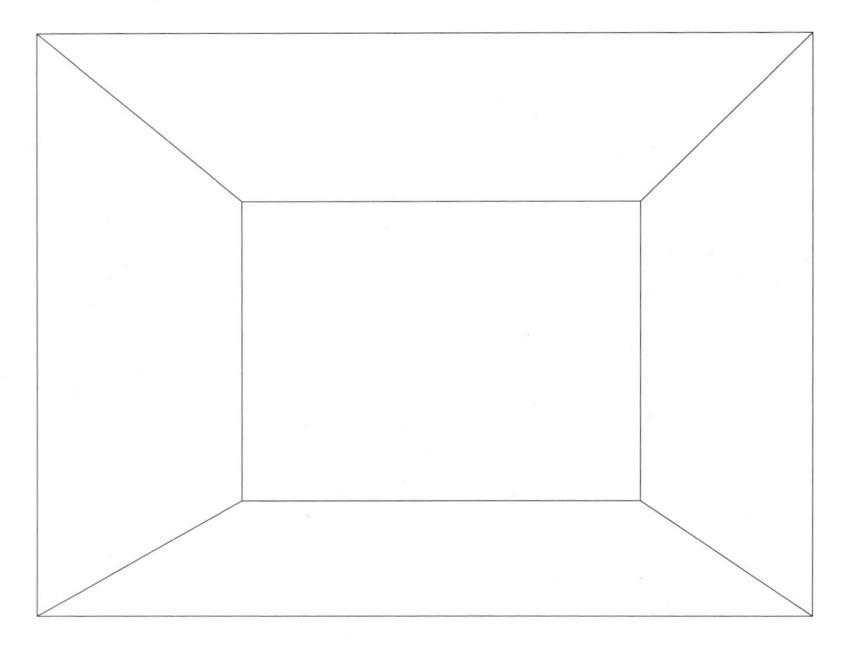

小学校で習ったと思いますが、四角形の対角線の交点が中心になるというのを思い出してください。

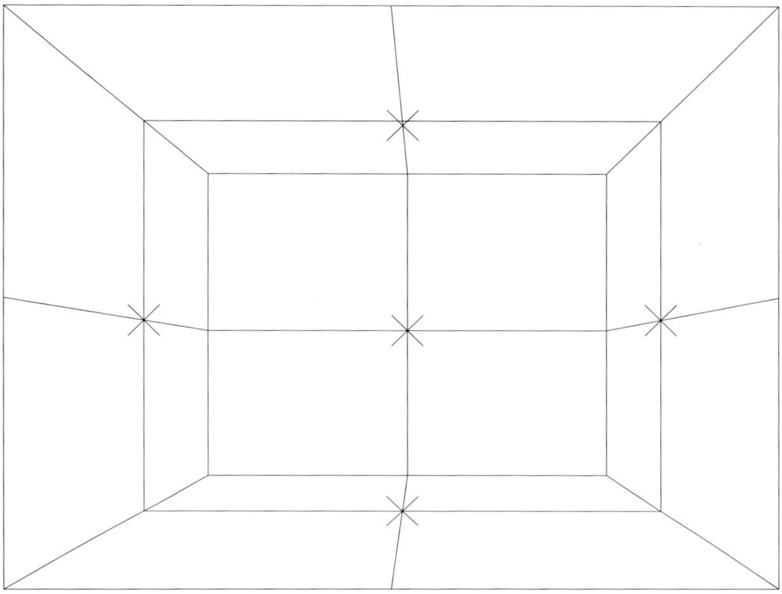

細分化して方眼すると図のようになります。

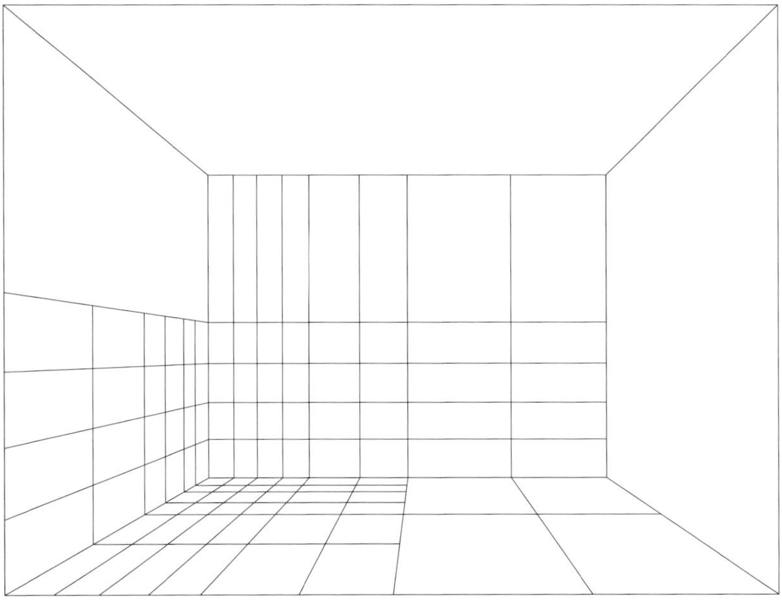

次に、立体をつくっていきます。

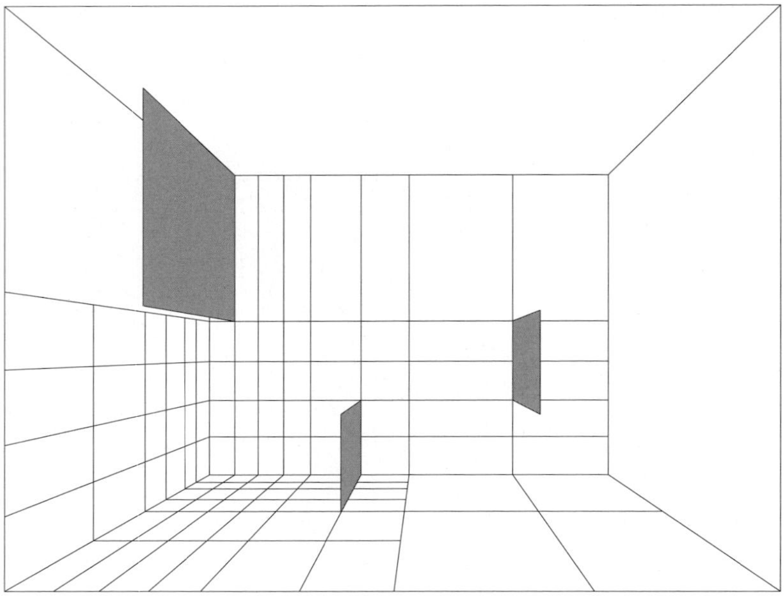

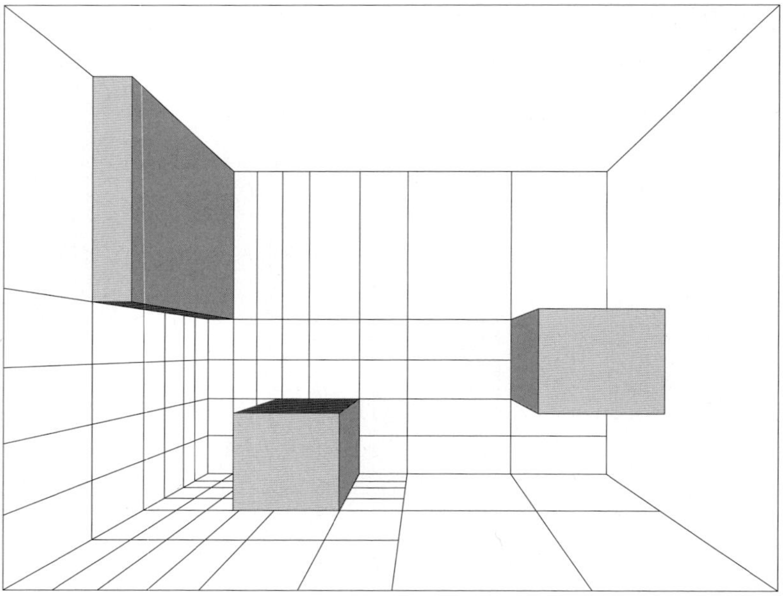

立体の完成です。

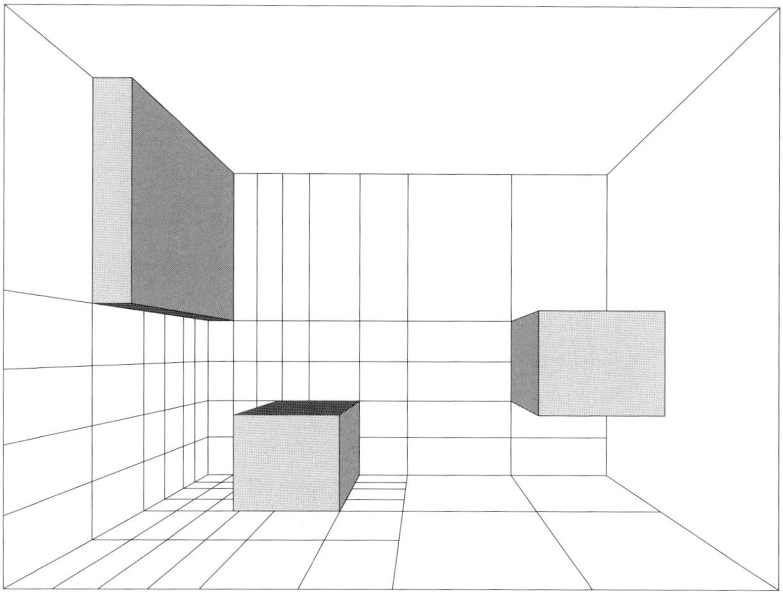

どうですか？　なんとなくボンヤリでもイメージできましたか？

これまで見ていただいたものが透視図法を描く上でのベースになりますので、途中で分からなくなったらまた見てください。

ここまで色々と書いてきましたが、それでは、いよいよ三つの図法について実際に描いていきたいと思います。

一点透視図法の描き方

まず最初に、自分が立った位置の正面の壁を描いてみましょう。

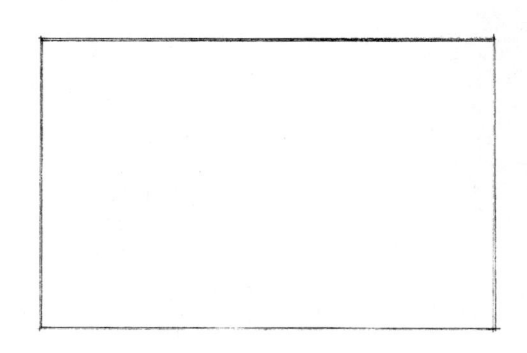

次に、目の位置（消失点）を決めましょう。このとき、自分の描いた絵のイメージを考えながら目の位置を決めます。

上から見下ろしたいとき→消失点は上に

下から見上げたいとき→消失点は下に

右の壁を大きく見せたいとき→消失点は左に

左の壁を大きく見せたいとき→消失点は右に

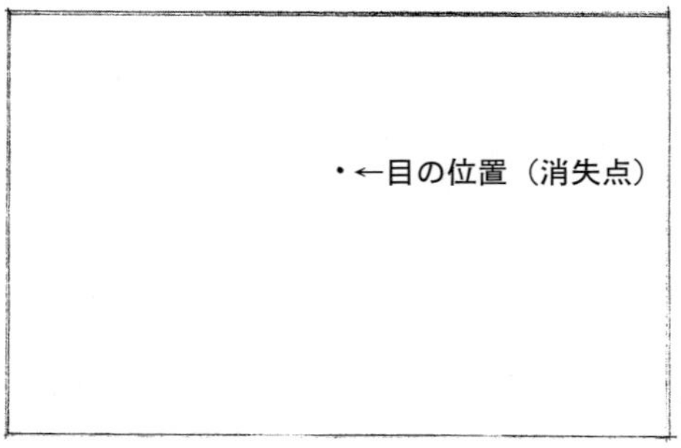

目の位置が決まったら、目のポイントとそれぞれの角を結んでみましょう。そうすると、3面の壁、床、天井が出来上がります。

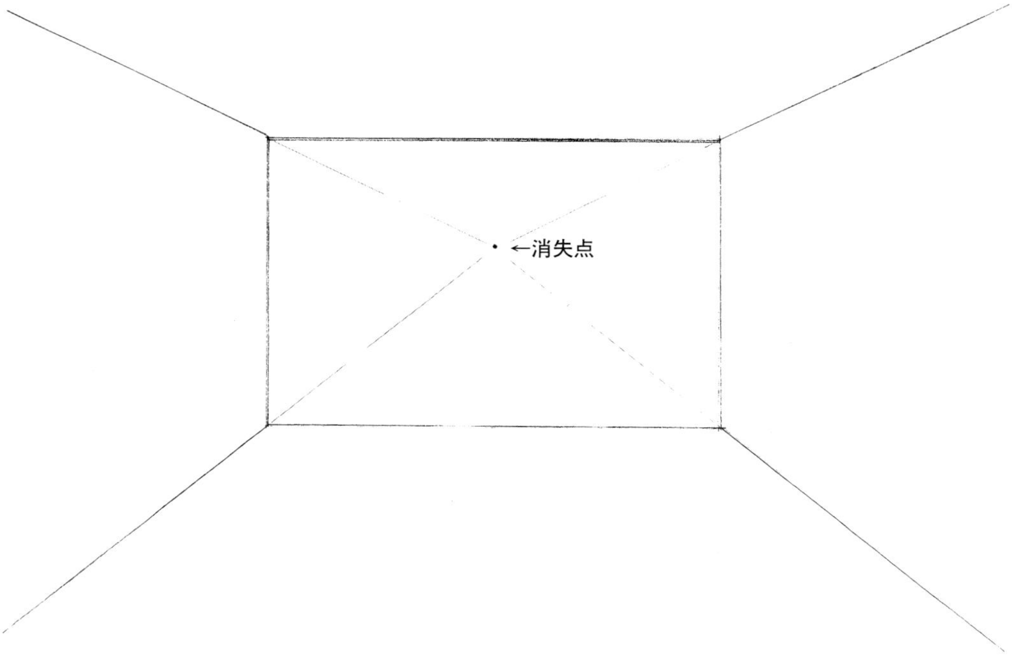

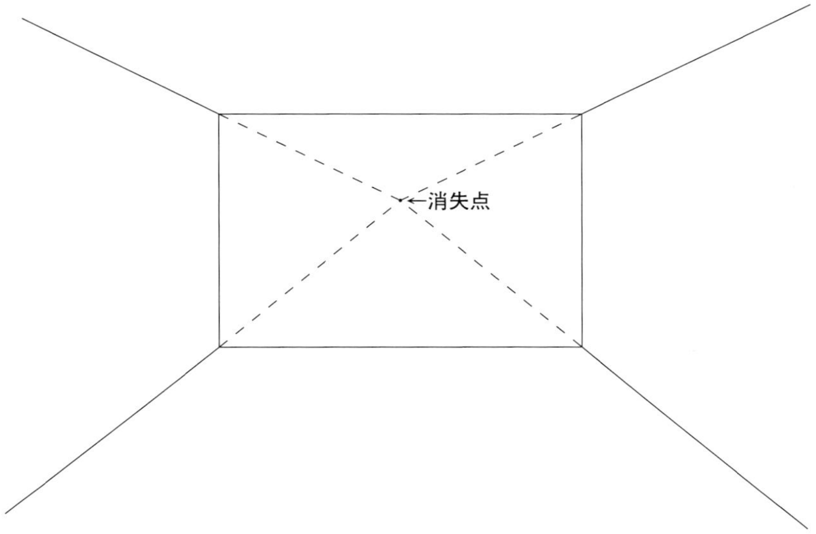

今度は奥の壁を基準として、角から対角線を引いて交点を導き出します。

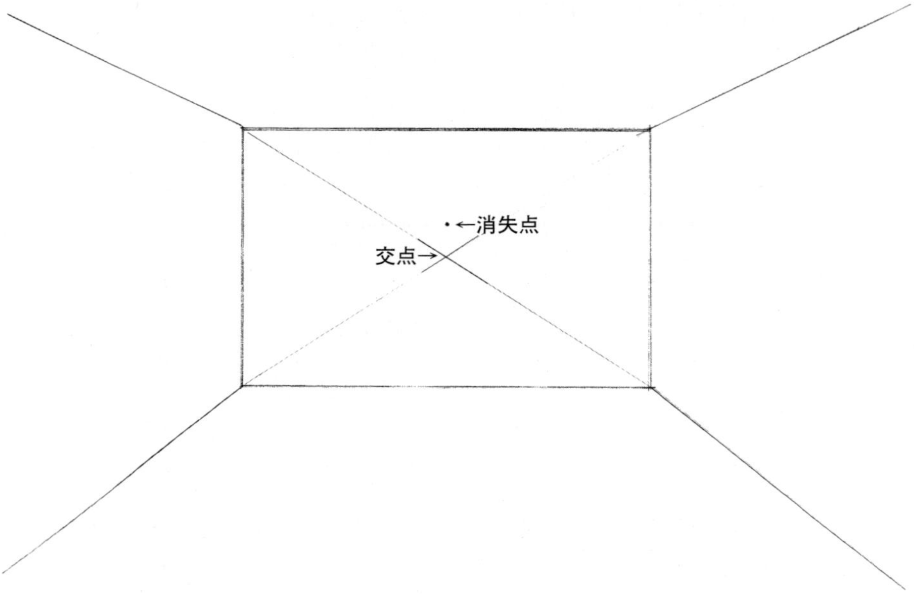

導き出された交点から垂直に線を引きます。これにより奥の壁が半分に分けられました。

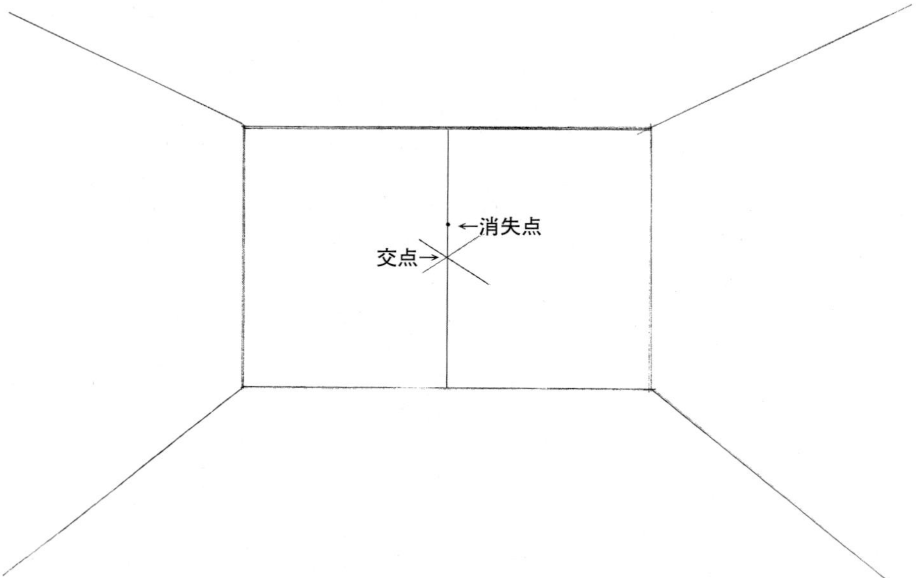

同様の手順を繰り返して、壁を４分割にしてみましょう。

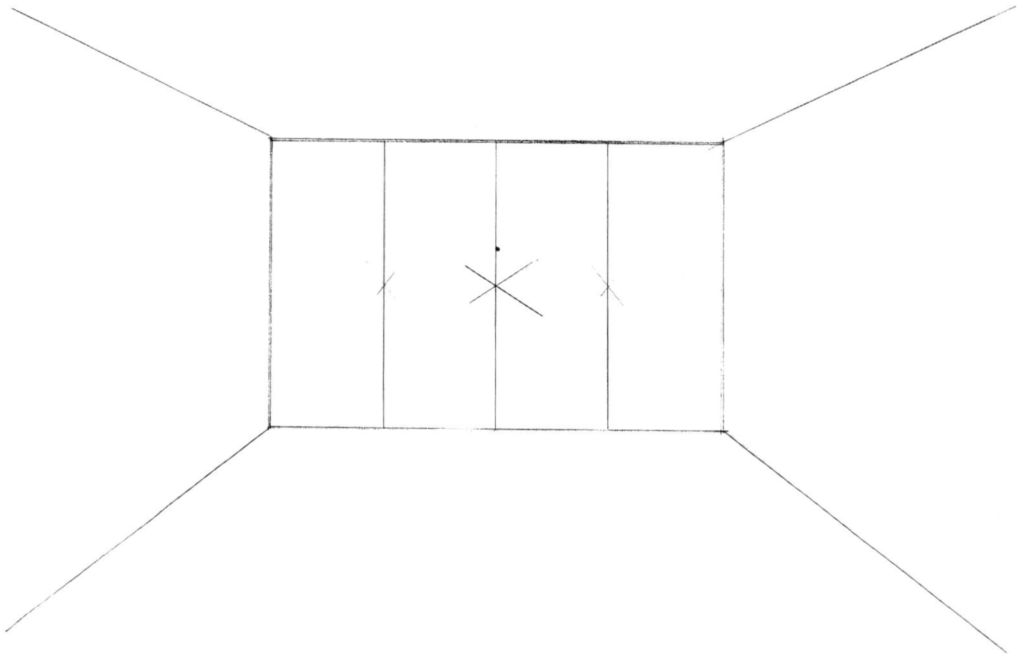

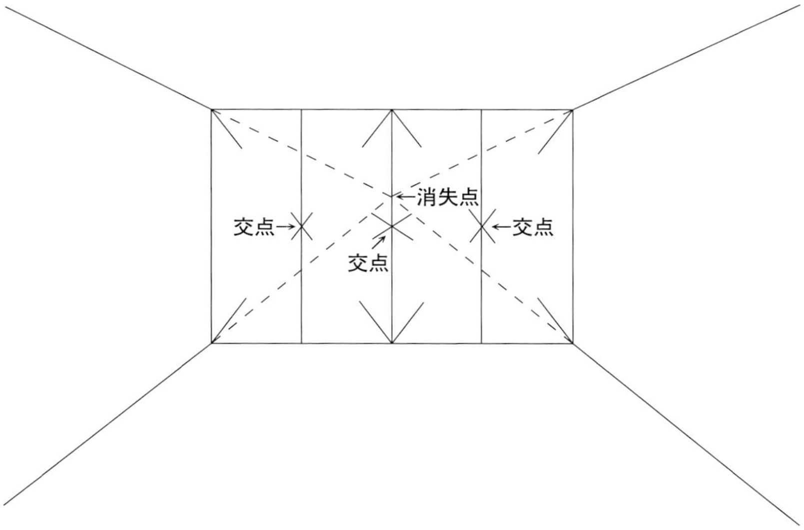

次に、奥行きとなる線を引きます。

奥行きは、どのくらいの大きさで出火点（室）を表現するのかを左右する重要な部分です。中に描く四角が大きければ、奥行きは短くなって大きく詳細に描け、逆に四角が小さければ、奥行きは長くなって復元図も小さくなります。

事前にレイアウトを考えて、構想を練ってから描くようにした方がよいと思います。

奥行きの線を入れたことによって立体感が得られたと思います。

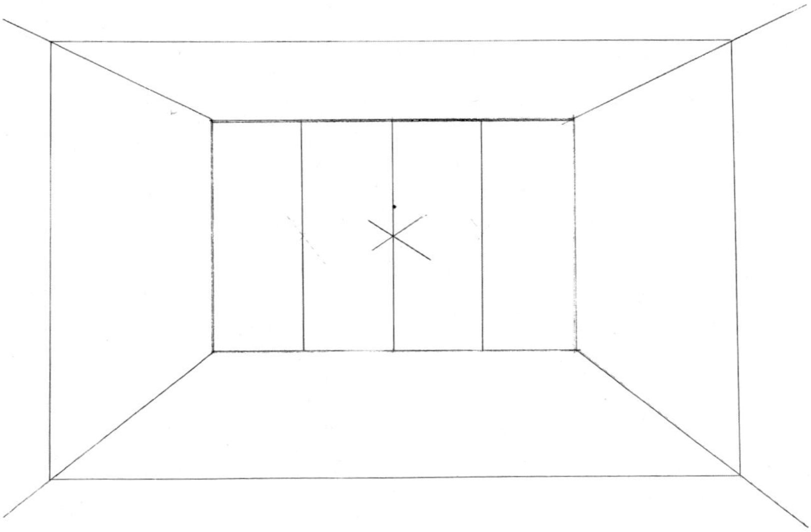

奥行きが決まったら、先ほどと同様の手順で左右の壁も4等分してみましょう。

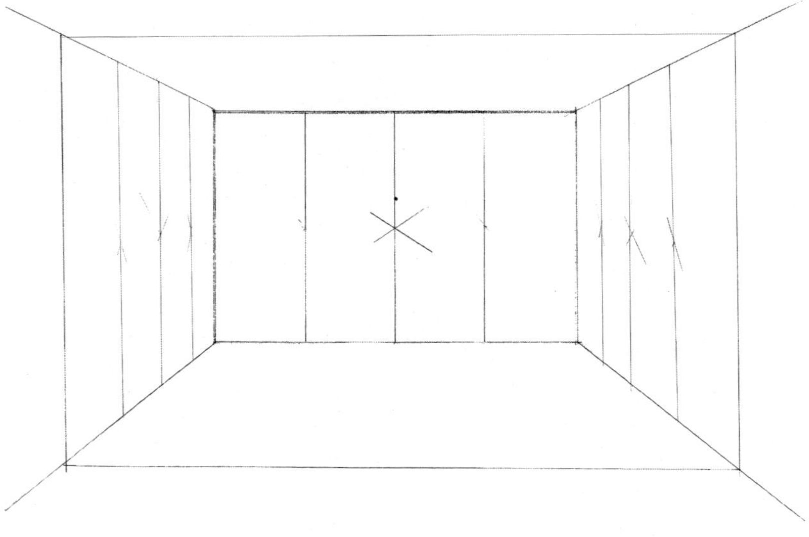

左右の壁が４等分できたら、それぞれの接点を床で結んでみましょう。

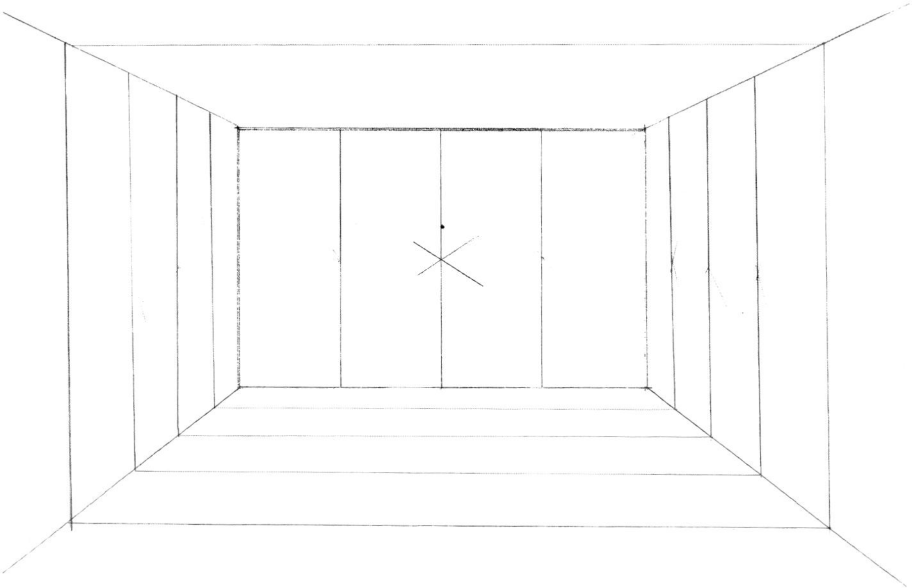

さらに奥の壁の床との接点も床で結ぶのですが、奥行きの線はすべて消失点が基準となりますので、消失点と床の接点を結びます。すると床にグリッド線ができます。

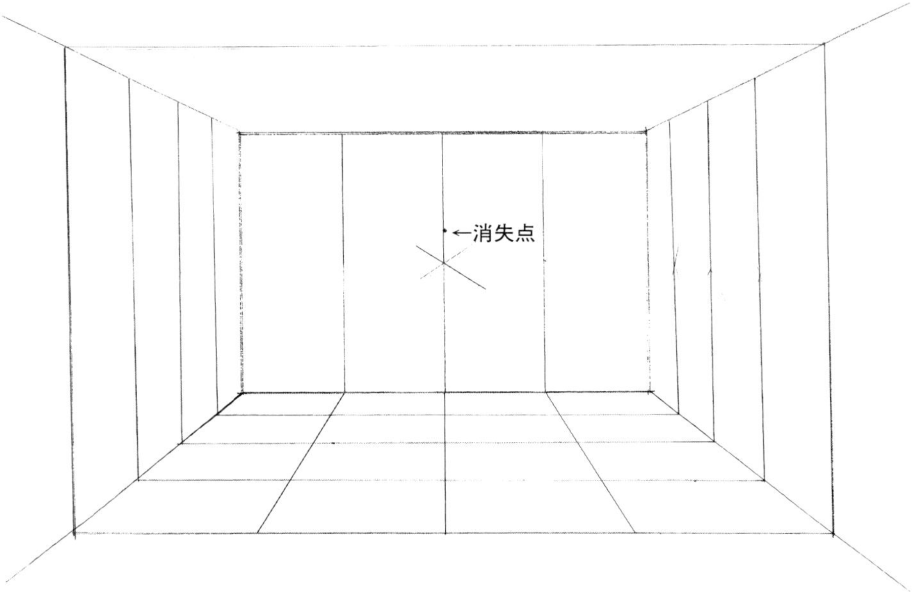

床に出来上がったグリッドの１マスを90㎝×90㎝に設定します。２マスで畳となりますので、２マスずつ組み合わせると８畳間の床が完成します。

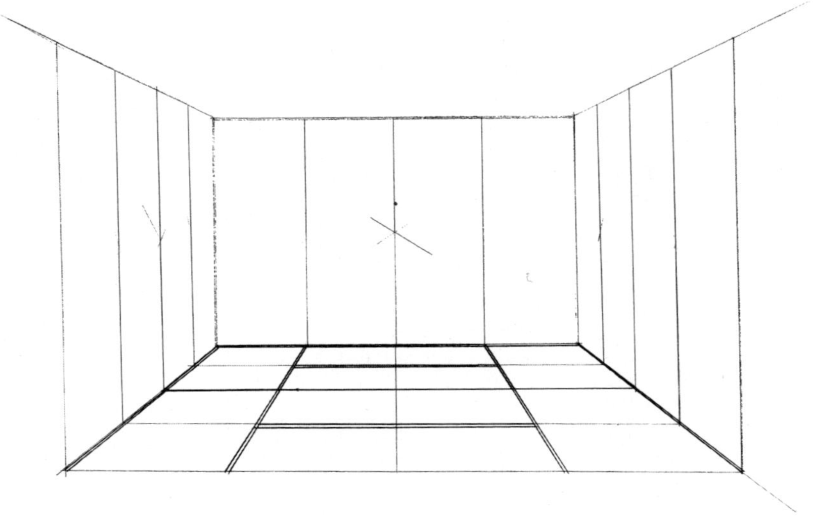

次に高さの設定をします。一般住宅（マンション含む）の天井高は2.4m前後です。引き違い窓は一般的には幅1.69m高さ1.6mです。高さについては、最初に線を描いた壁を単純に定規で６等分します。天井高を2.4mとした場合に６等分すると、１マス40㎝になります。

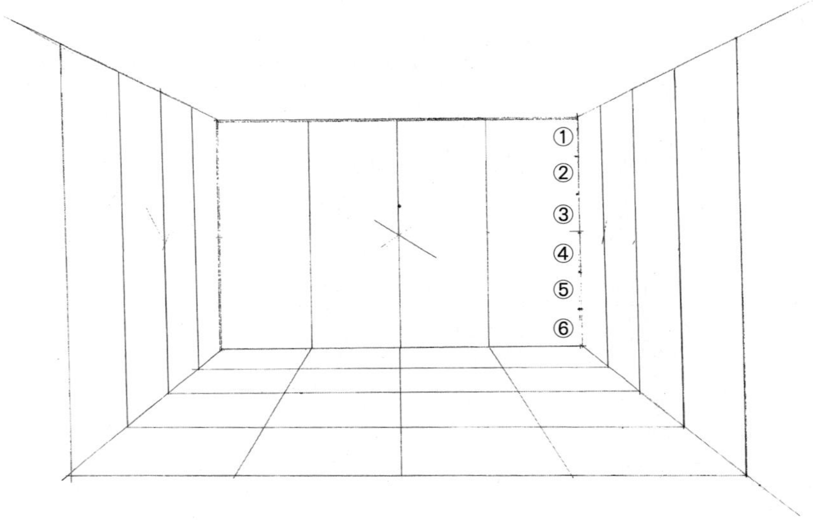

高さの１マス設定ができたら窓を描いてみます。１マスを40㎝と設定したので、天井と床から上下約40㎝を空けて窓の高さとした４マス分を消失点と結びます。幅1.69mの窓とした場合は、側面２マスに窓をはめるように四角形を作ります。四角形に枠の線を描けば窓の完成です。

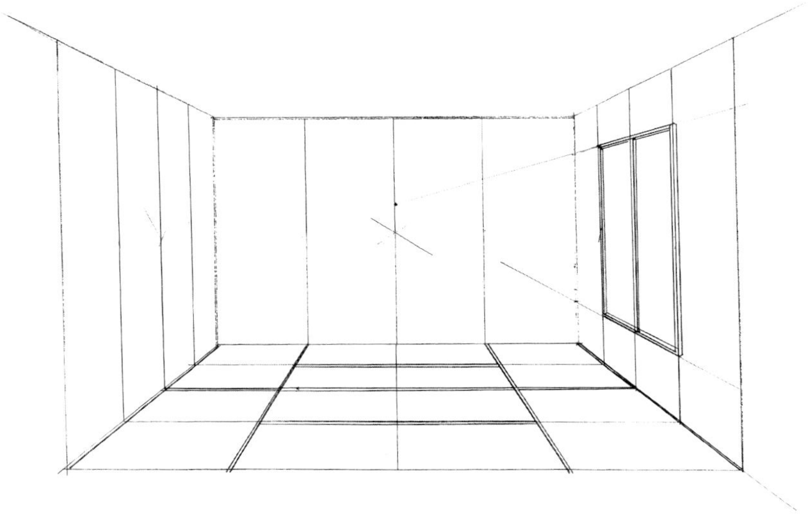

後は、立体的にテーブルを入れれば完成です。

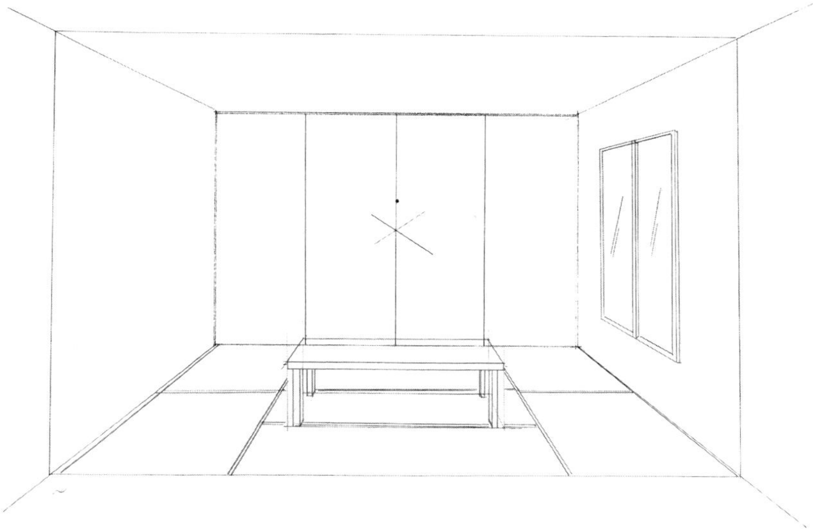

図の完成です。

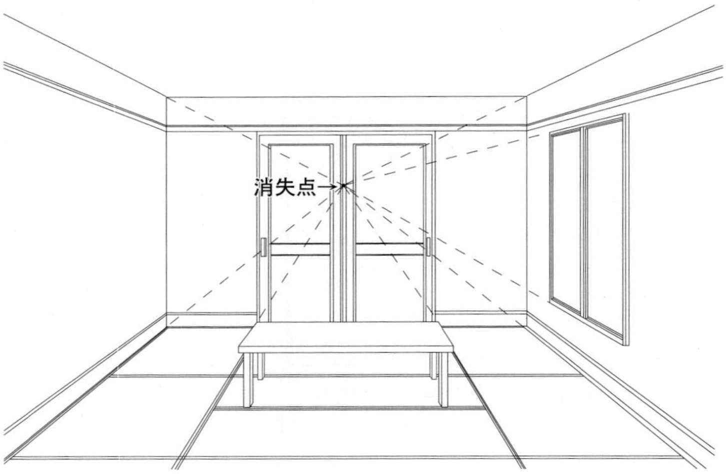

二点透視図法の描き方〈外観編〉

まず二つの点（消失点）を決めてから、おおむね中心のあたりに垂直線を１本引いてください。

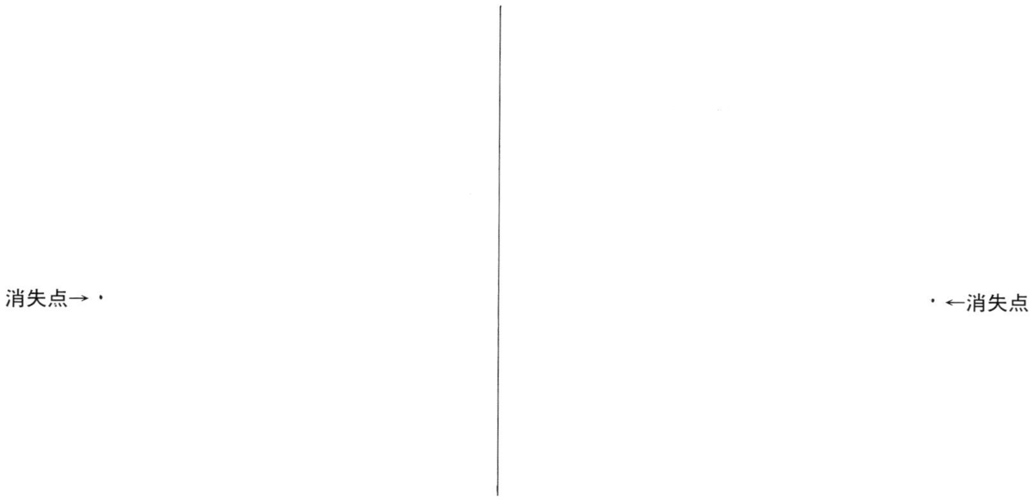

次に、上下を消失点と結んでください。

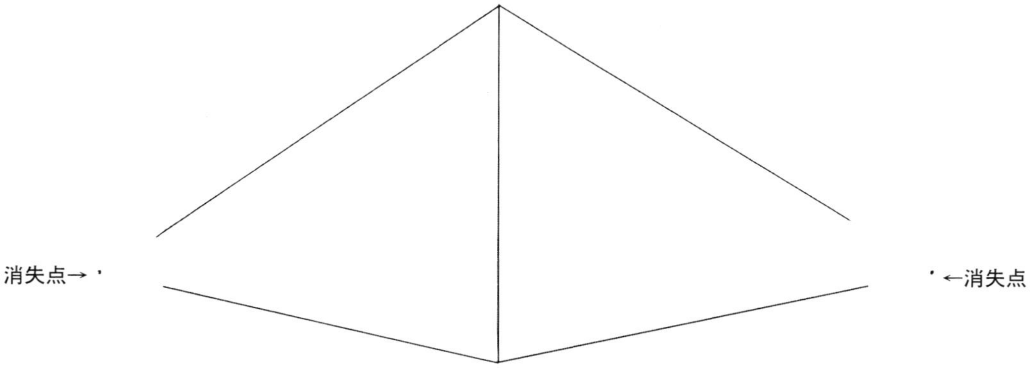

その後に、適当な位置に垂直線を引いてください。

この時点で、ビルの２面がイメージできると思います。

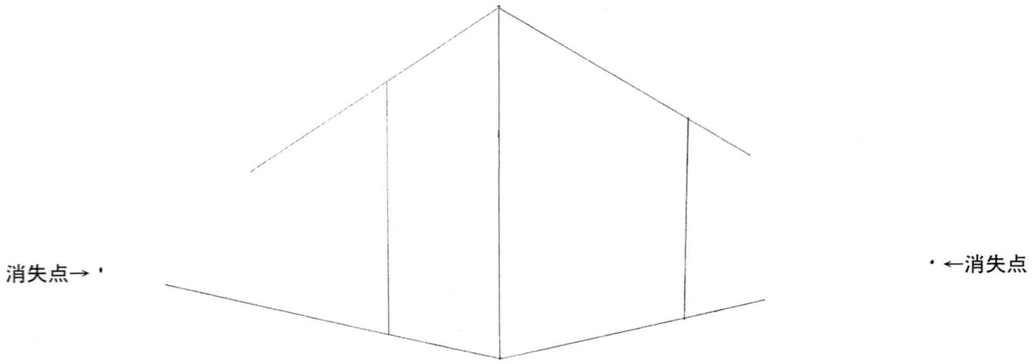

次に、道路を描いてみましょう。より立体感が出てきます。

垂直線以外の線はすべて消失点に向かっているので、追っていってください。

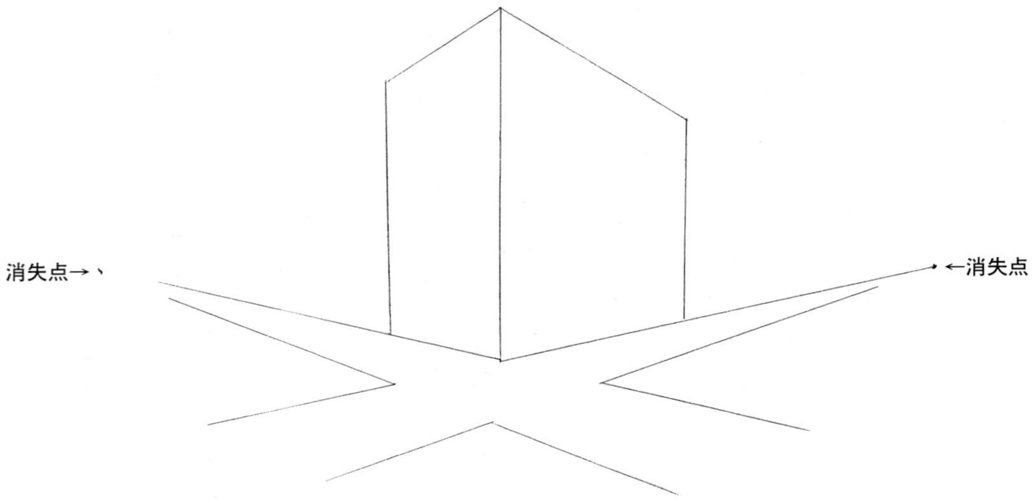

今度は、それぞれの面をグリッド（マス）状にしていきます。

これは一点透視図法と同様に面の交点（対角線）で割っていくと引けると思います。

横線は一番始めに引いた垂直線を単純に４分割すればOKです。

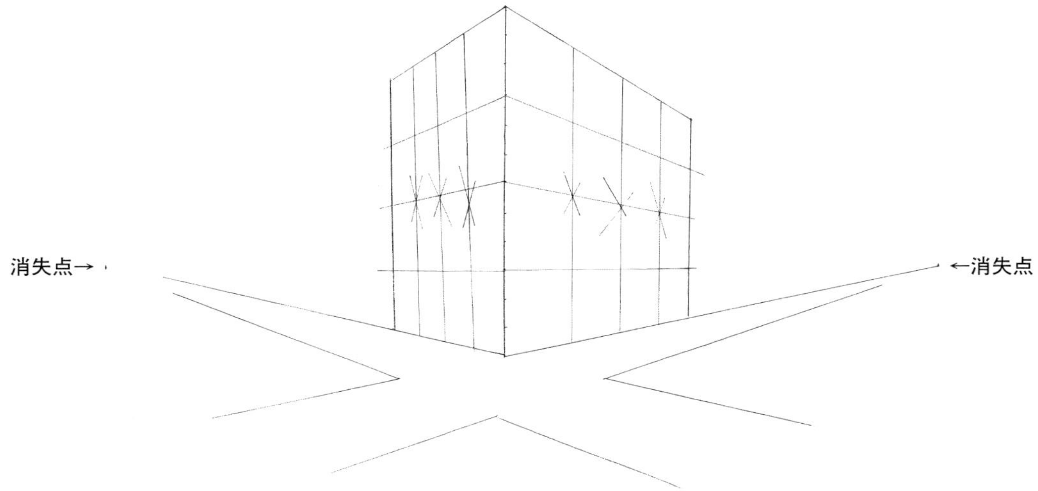

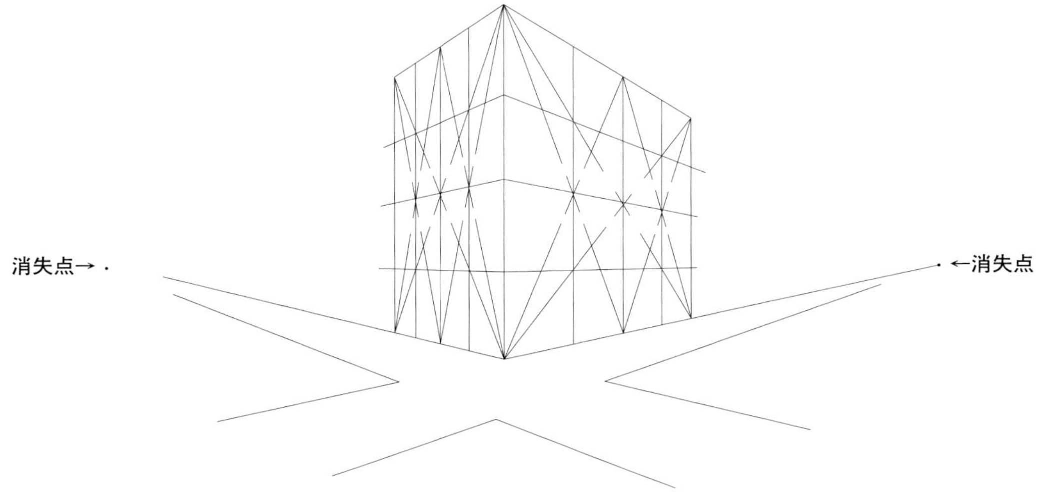

増えている横線は、先ほどと同様に分割します。

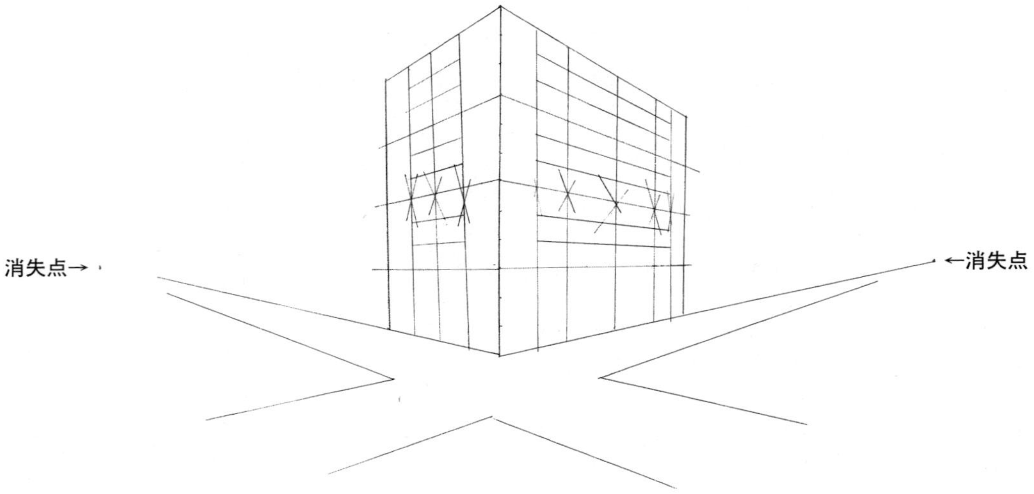

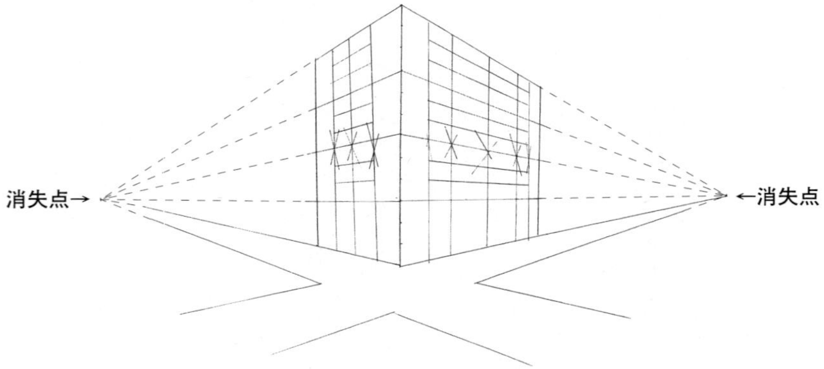

余分な線を消していくと窓の部分が完成していきます。

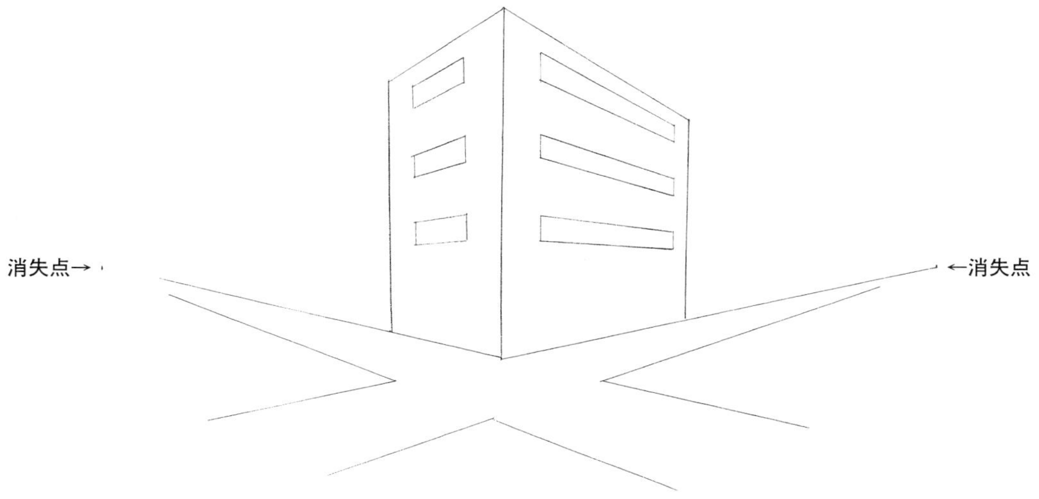

この後は、飾りを付けていきます。

車庫とペントハウスを描きます。

先ほどのとおり、垂直線以外は消失点に向かっています。飾りはだいたいの雰囲気で構わないと思います。

先ほどの絵をベースに細かい線を足していくと、なんとなくビルっぽい感じになってきたと思います。

次に、木造家屋を描きます。

基本的に工程は同じなので、線を追いかけてください。

消失点→
←消失点

消失点→
←消失点

図の完成です。

二点透視図法の描き方〈内観編〉

外観と同様に消失点を決めて線を引きます。

次に、上下を消失点と結んでいってください。

今度は外観と線を結ぶ方向が反対になっていきますので注意してください。

右側の線は、向かって左側の消失点を起点として延長させて描きます。

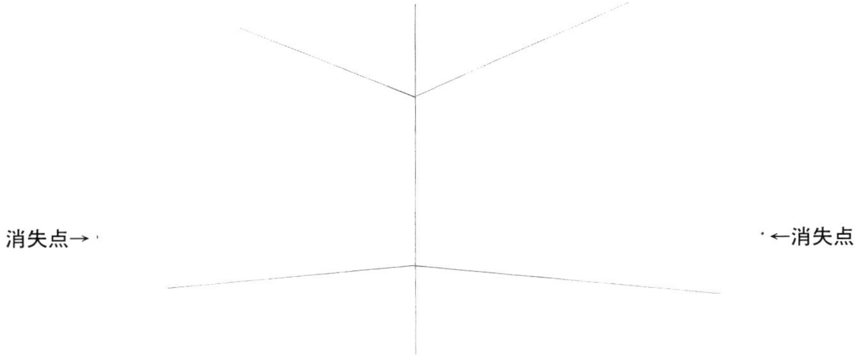

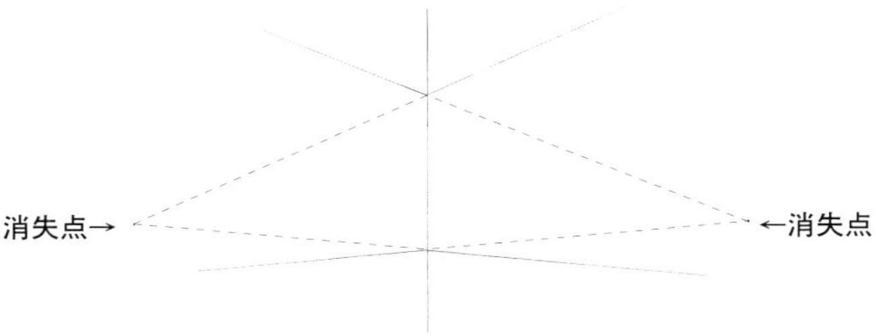

次に、右の壁面に窓、左の壁面にタンスの背の部分を描きます。

壁の高さが先に決まっているので、この高さに合わせて高さの設定をしてください。

幅については、バランスを考えて任意に決めてもらって結構です。

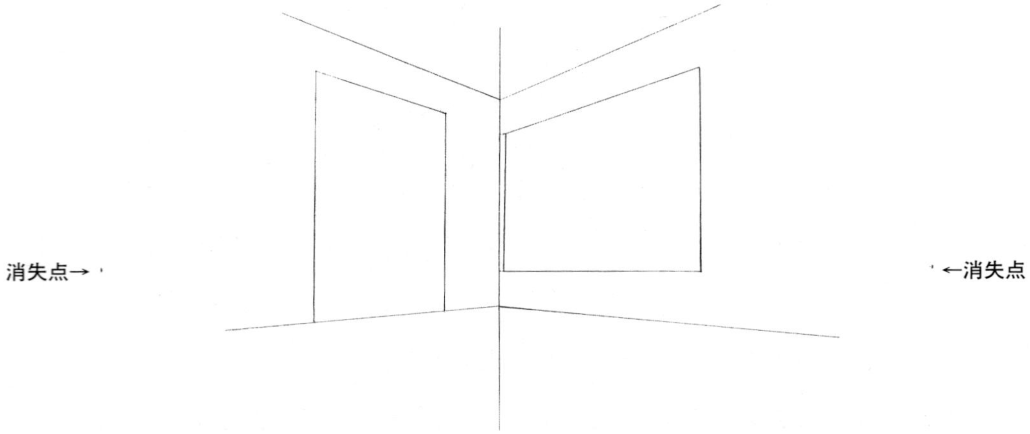

タンスの奥行きを描きます。

これも先ほど同様にバランスを考えて任意で描いてください。

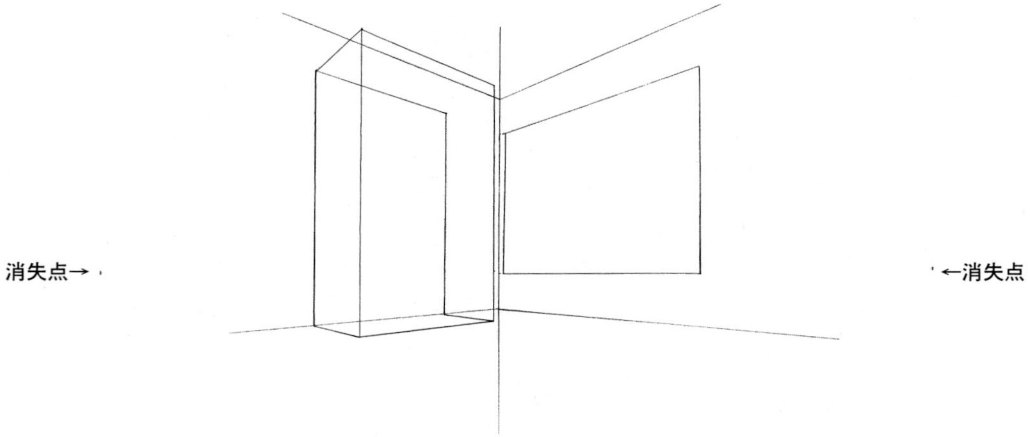

手前の高さの低い箱は、テーブルのベースになる立体です。

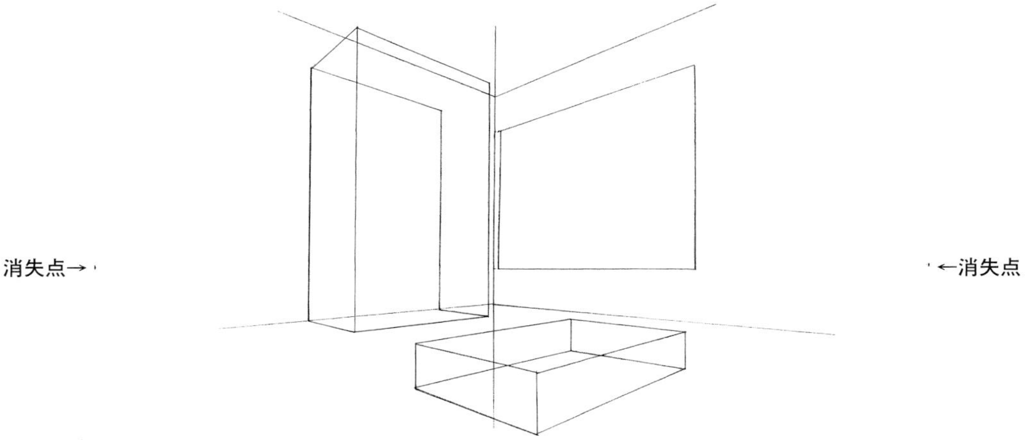

後は、一点透視図法や外観編のときと同じようにグリッド（マス）割をしていきます。

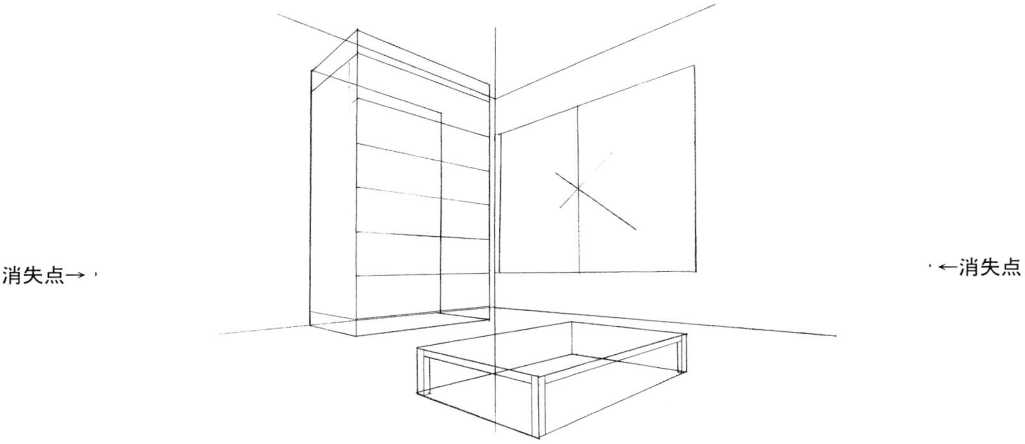

後は、細かい線を入れていけば完成します。

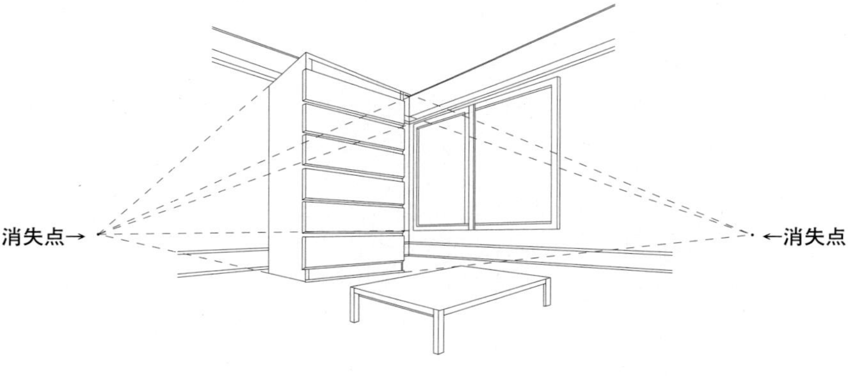

二点透視図法で階段を描く

二つの消失点を決めて、垂直線の上下と左右の消失点と結びます。

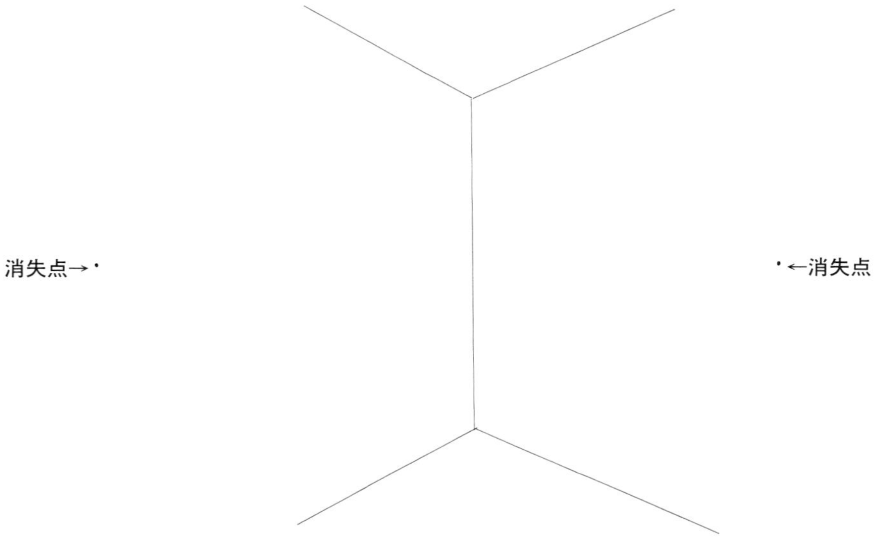

階段の大きさの分だけ箱をつくります。

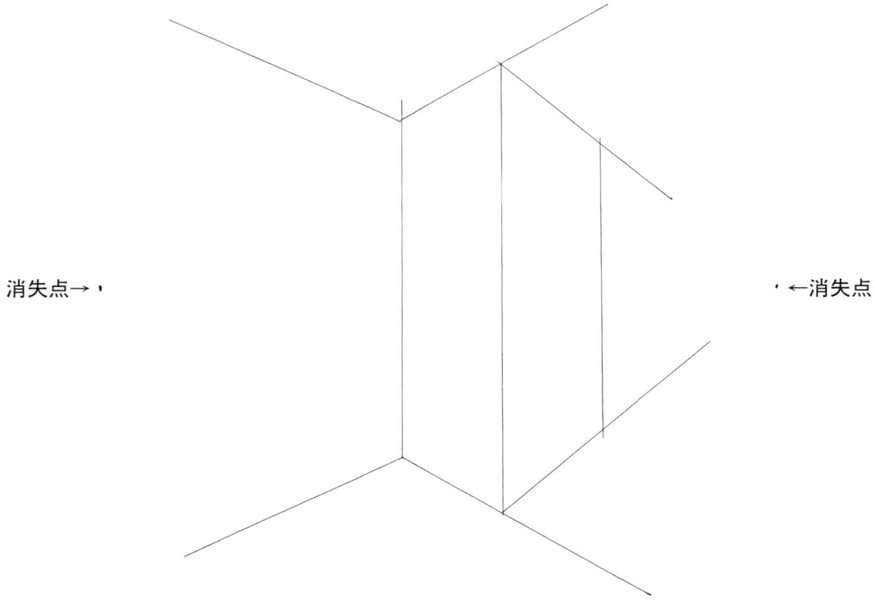

消失点を起点としてグリッド（マス）をつくります。一つのグリッドの高さは均等にとります。

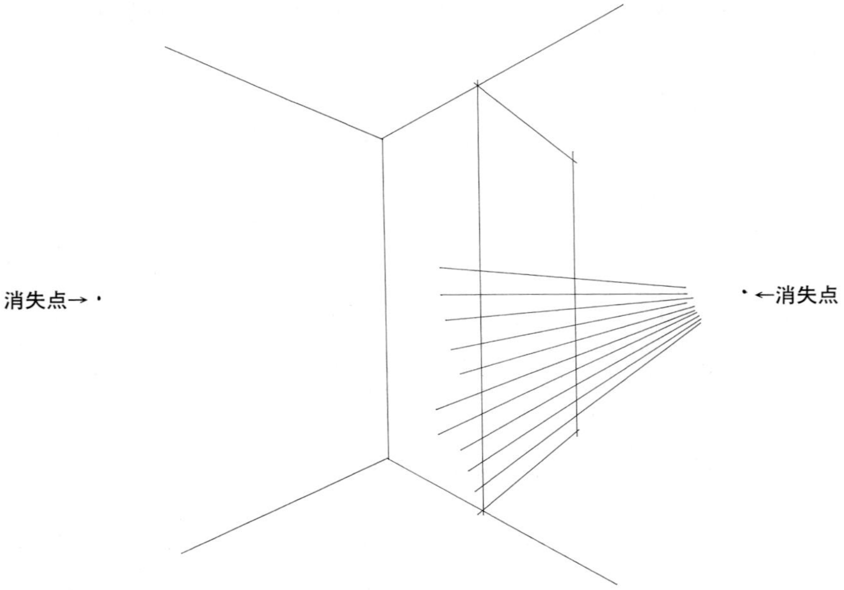

箱の右側の面を縦に分割していきます。

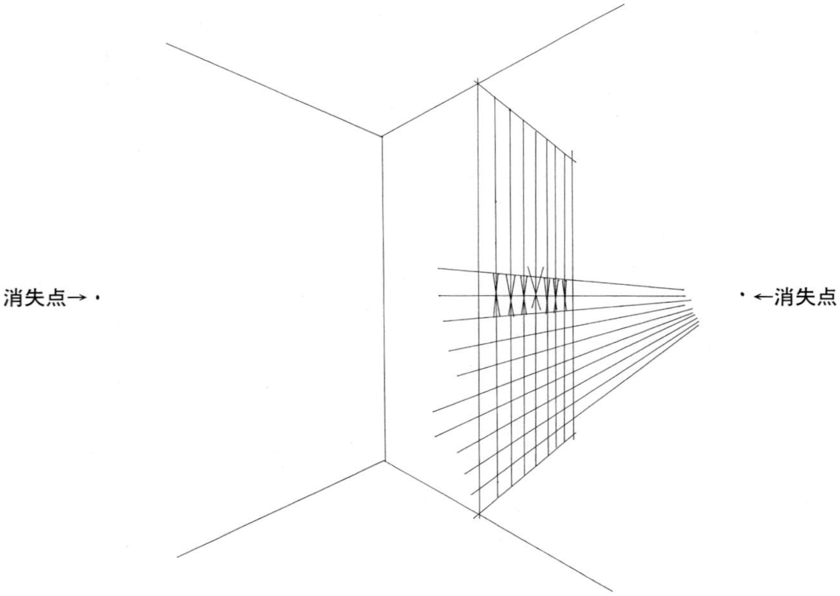

グリッドができたら、最初に階段をイメージしながら側面の段を描きましょう。

側面の段から左の消失点に合わせて線を引くと、階段の踏み面が見えてくると思います。

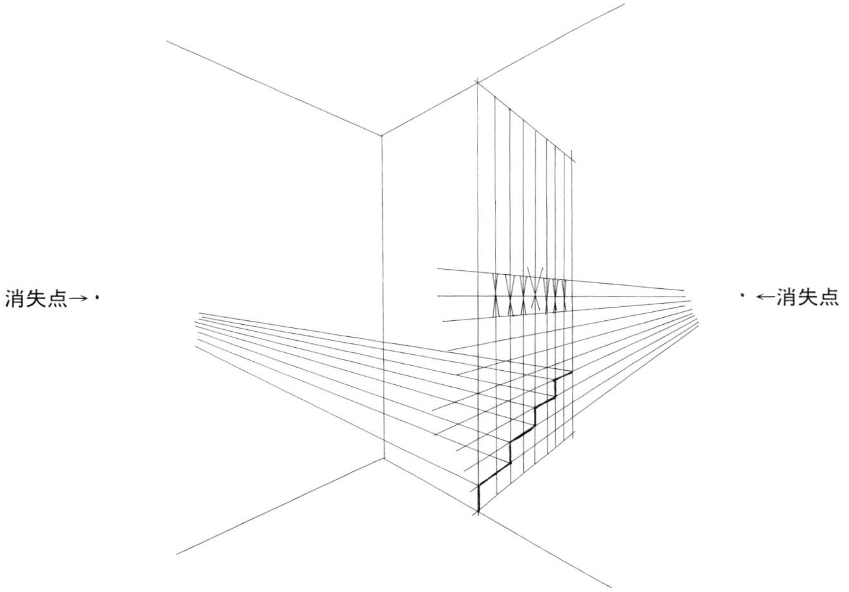

反対側の側面を加えると、階段の出来上がりです。

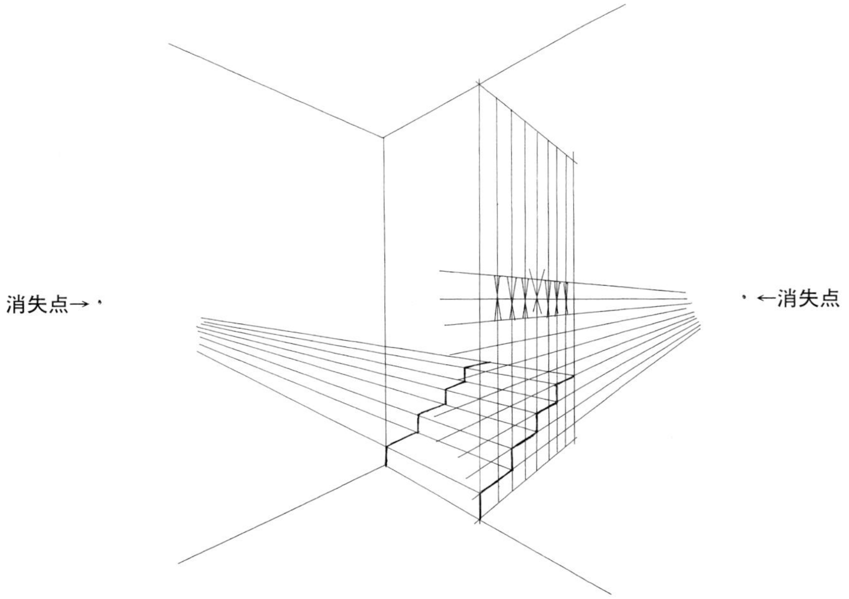

階段の角を合わせて第３の消失点を探します。

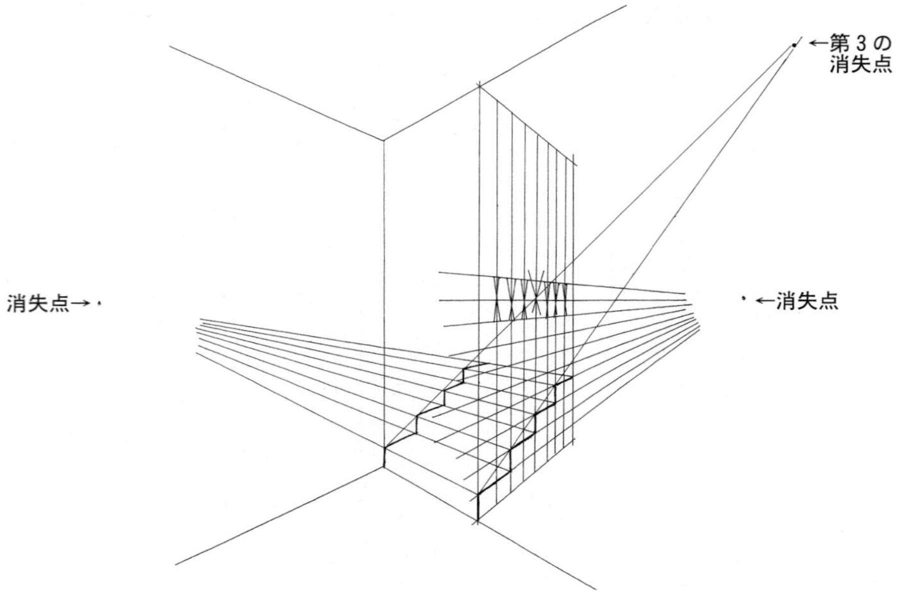

第３の消失点を起点として直方体を描きます。これは階段の手すりになります。

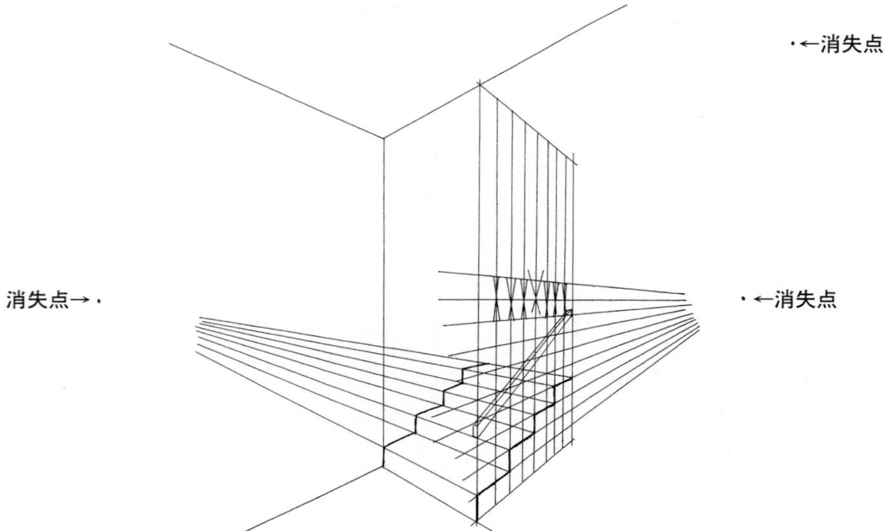

不要な線を消して装飾すると、このような階段が完成します。

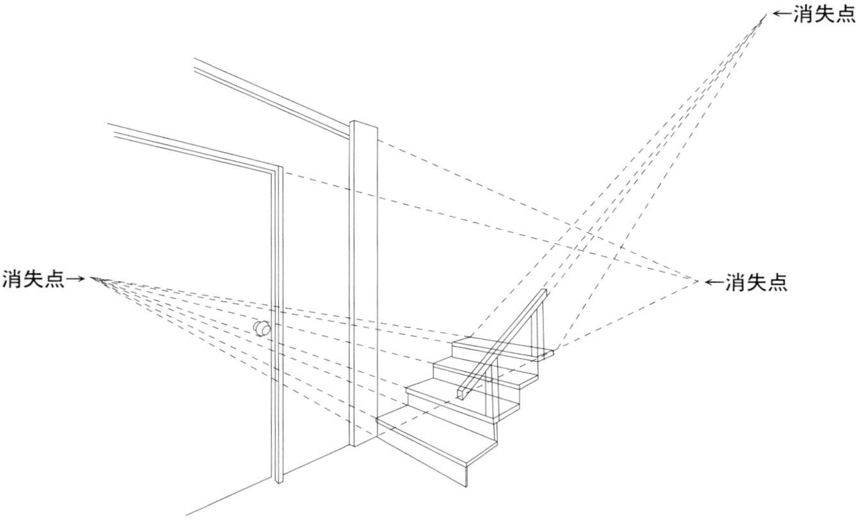

一点透視図法で階段を描く

まず消失点を決め、正面の壁の角に結び、面をつくります。

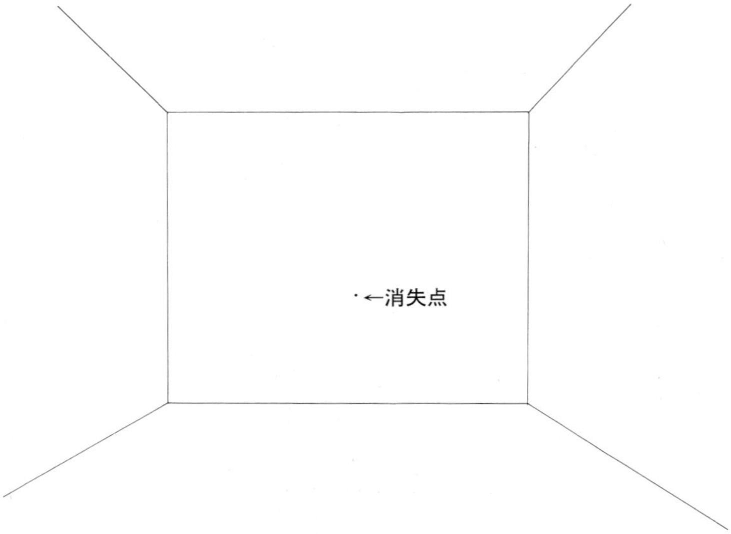

対角線から中心を導いて奥行きを出します。高さは任意で均等にグリッドをつくります。左右側面も分割します。

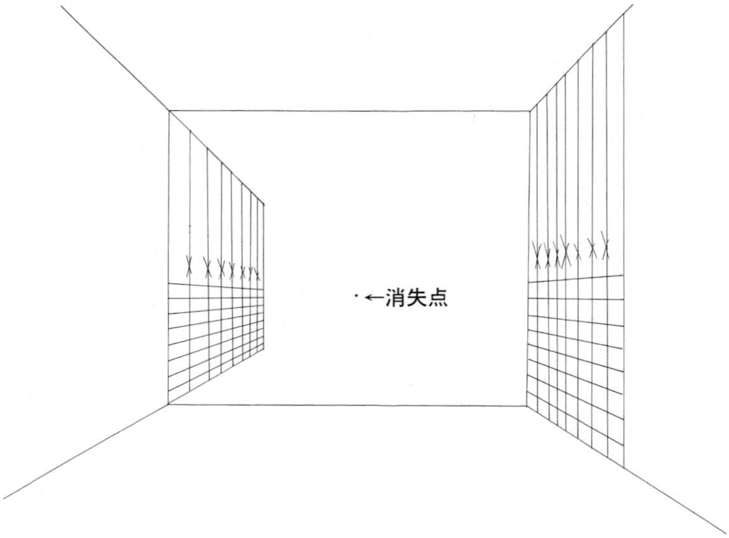

均等にとった高さの点を消失点に合わせていくと、グリッド（マス）の出来上がりです。

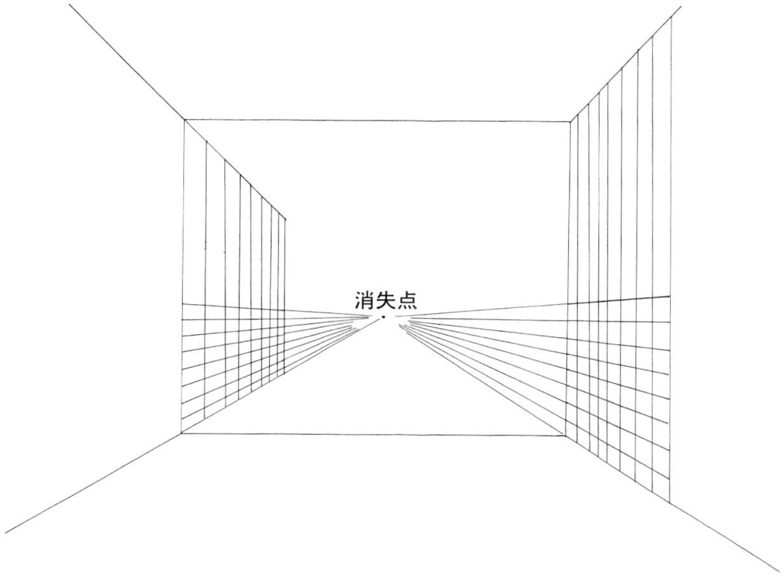

グリッド（マス）から階段のラインを描いていきます。

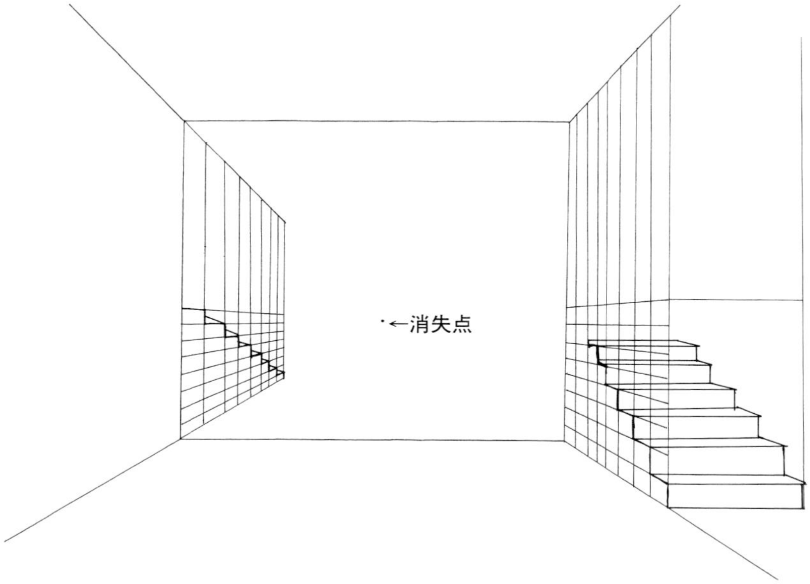

不要な線を消して完成です。

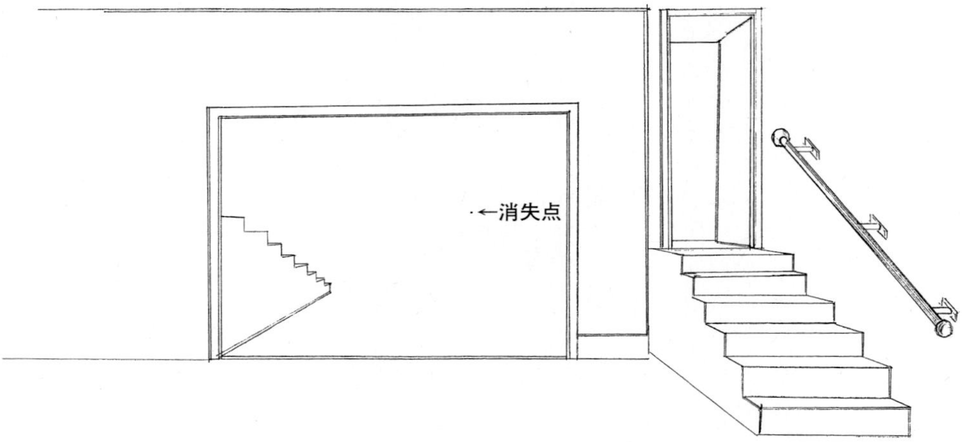

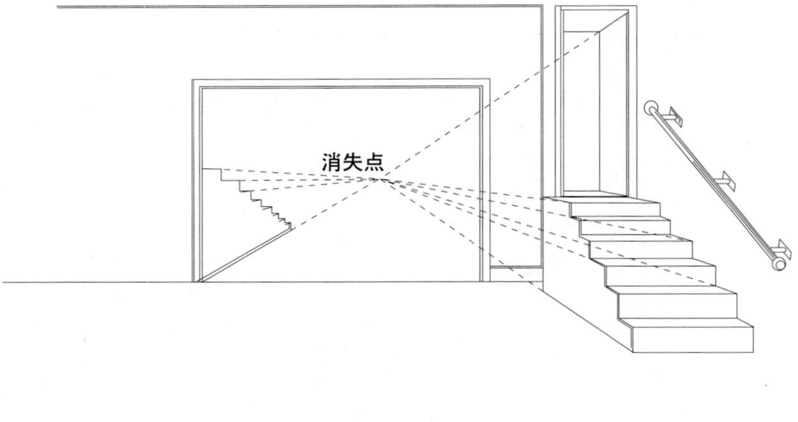

どうでしたか？　分かっていただけましたでしょうか？

この解説はあくまでもポイントであって、最も大事なことは実際に数多く描くことなのです。ロープ結索や訓練のように数多くこなして自分のものになっていくのですから、面倒でも根気強く続けていただけたらと思います。

透視図法で消失点というものが出てきましたが、この消失点の位置というのは実は眼の高さでもあるのです。つまり、消失点を下に下げると下から見上げたように、消失点を上に上げると上から見下ろしたようになります。表現したい部分に応じて使い分けてみてください。箱一つ描くだけで分かりますので、ぜひやってみて実感してください。また、平行に引かれた線以外のものはすべて消失点に向かっているので、説明の中で分からない部分が出てきたら、消失点を追ってみてください。必ず奥行きであったり、壁面や家具の上下の線とつながるはずです。

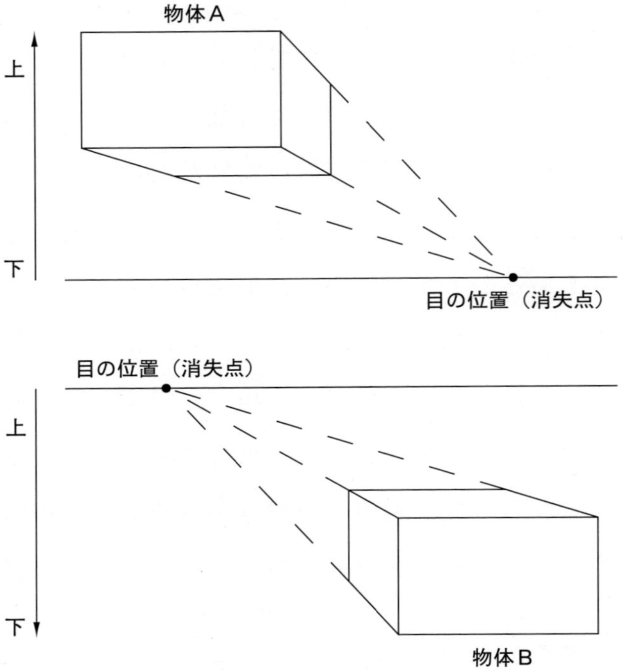
物体A
上
下
目の位置（消失点）
目の位置（消失点）
上
下
物体B

図面を上手く見せるテクニック

最後に、図面をうまく見せるテクニックというのがありますので、参考にしてみてください。

部屋らしく見せるコツ

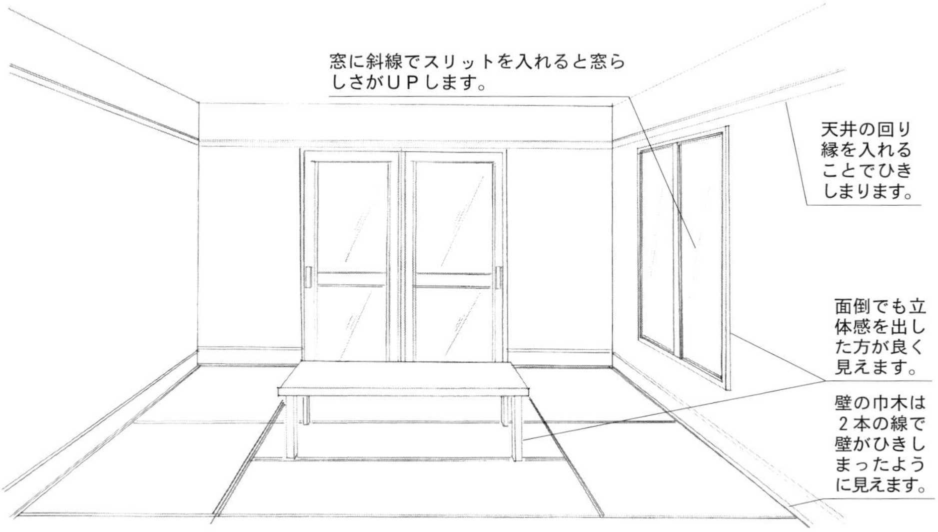

窓に斜線でスリットを入れると窓らしさがＵＰします。
天井の回り縁を入れることでひきしまります。
面倒でも立体感を出した方が良く見えます。
壁の巾木は２本の線で壁がひきしまったように見えます。

雑誌・本を描くコツ

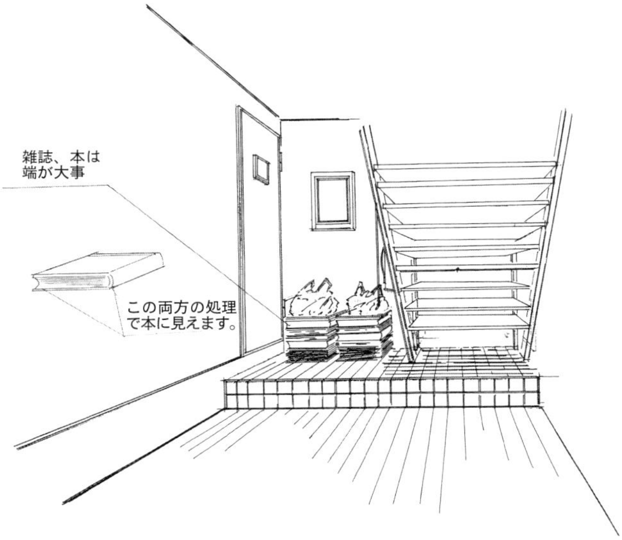

雑誌、本は端が大事
この両方の処理で本に見えます。

タオルの描き方

・ポイントは、歪曲をつけることです。

シャツが出来上がるまで

1　まず立体を描きます。

2　次に人（型）を描きます。このときのポイントは、頭を小さめにして足を長めにすることです。

3　描きたい洋服を人形に着せるように描きます。このときのポイントは洋服のウエスト部分をだぼつかせることです。

4　後は、飾りをつけて余分な線を消せば完成です。

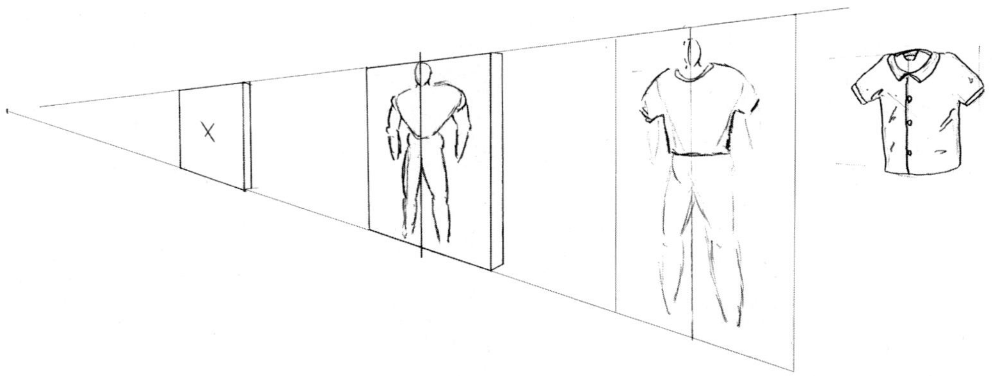

トタンを描くコツ

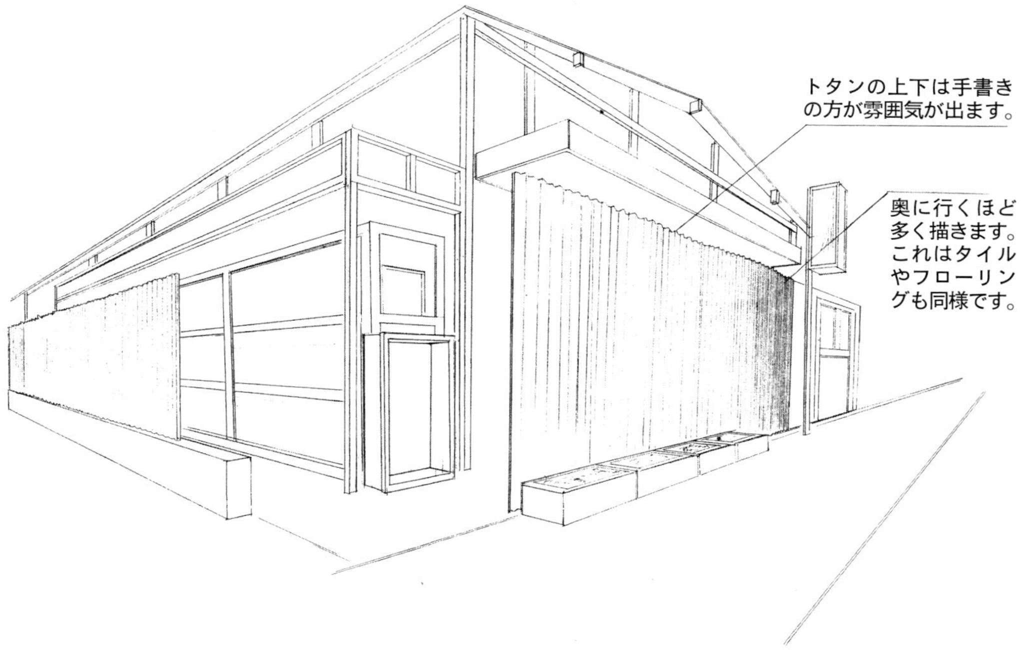
トタンの上下は手書きの方が雰囲気が出ます。
奥に行くほど多く描きます。これはタイルやフローリングも同様です。

焼き図と復元図

通常は、復元図等に赤で線を入れて焼き図の代用とします。焼き図を作成するのは、写真で現場の影や煤け、焼けの黒い部分等の焼き状況をすべて表現しきれない場合があるためです。

火点焼き図

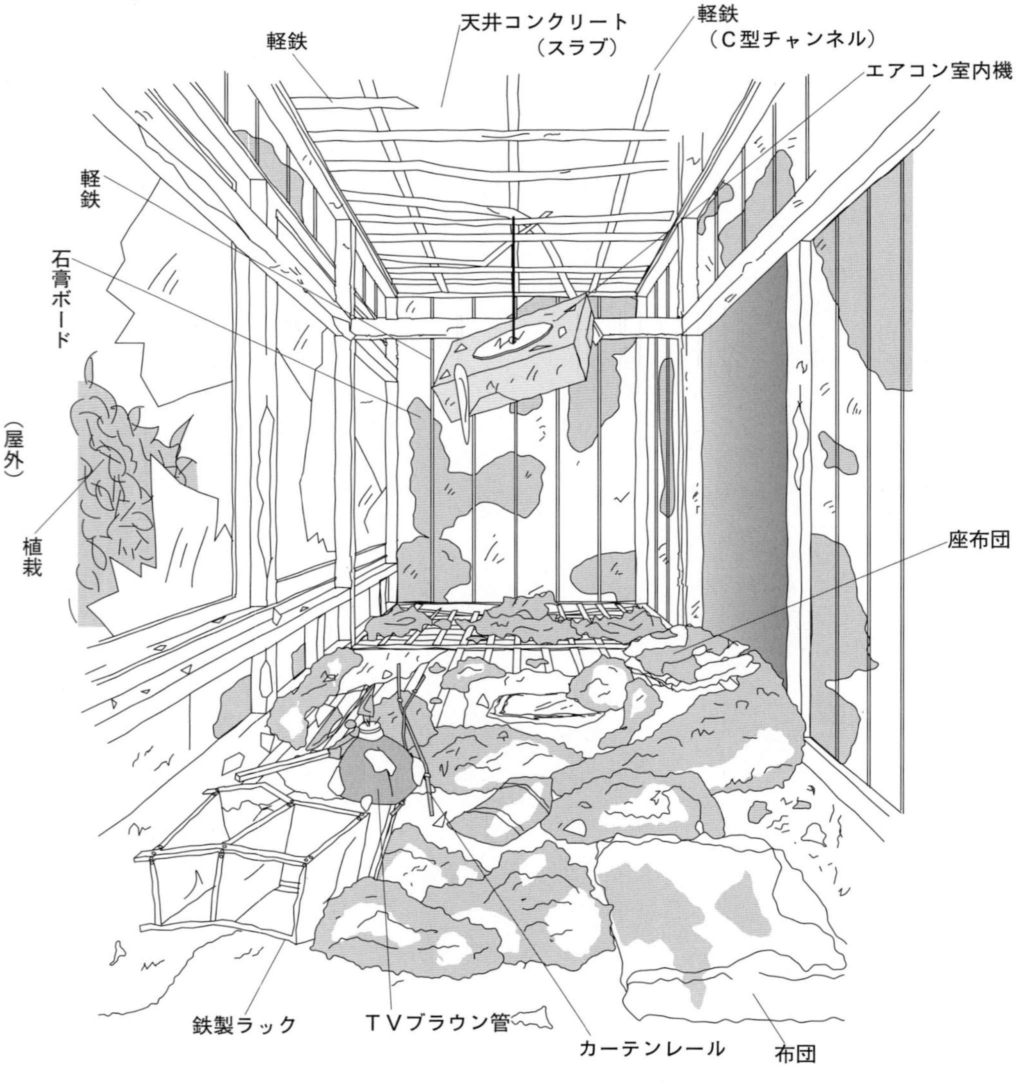

現場調査のときに実際に現場で描いた図面、関係者からの供述、発掘作業をもとに、一点透視図法によって出火前の状態を復元（再現）した図面です。

復　元　図

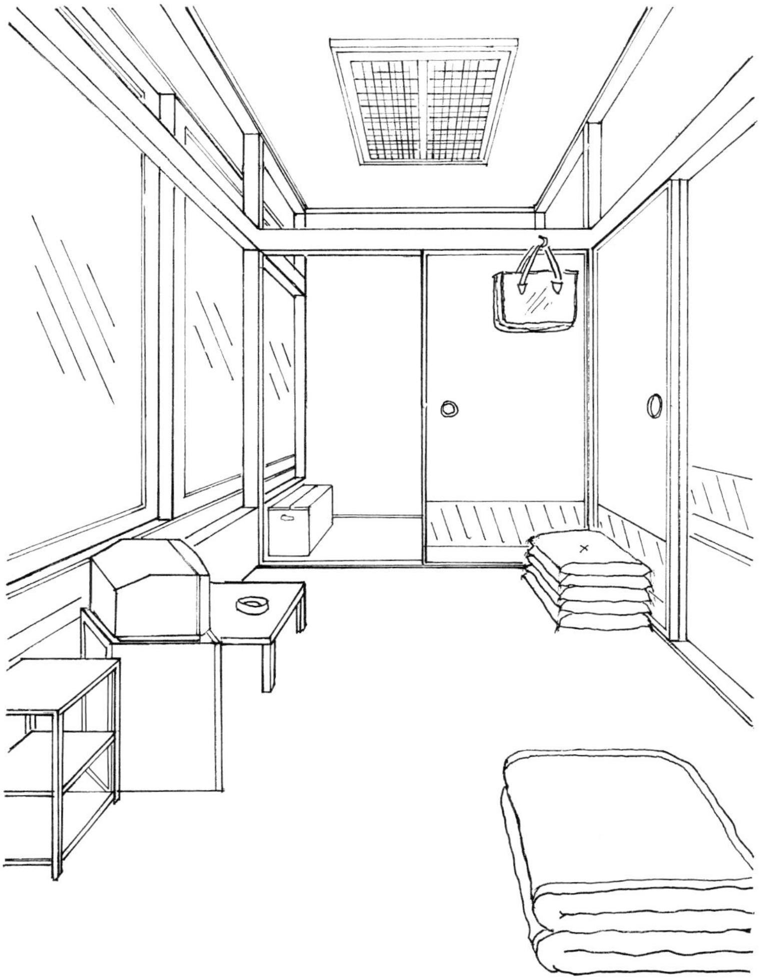

3　車両の復元図

車両火災等の復元図や火点詳細図（エンジンルーム等）は、ディーラーからカタログなどの資料を入手して、それを透写すると容易に作図することができます。

ライトビューアー、ブライトボックス等の名称で市販されているネガやスライドフィルムの確認に使用される器材を使ってカタログ等の絵を透過させて写し取ります。

また、エンジン等はディーラーからメンテナンスマニュアルのコピーをもらい、スキャナで読み取り、加工して図面として活用できます。メンテナンスマニュアルで分割された図などは、ウィンドウズ付属のペイントやその他の絵画ソフトを活用して、結合したり透過した絵を重ねて作成することもできます。

ライトビューアーによる透写状況

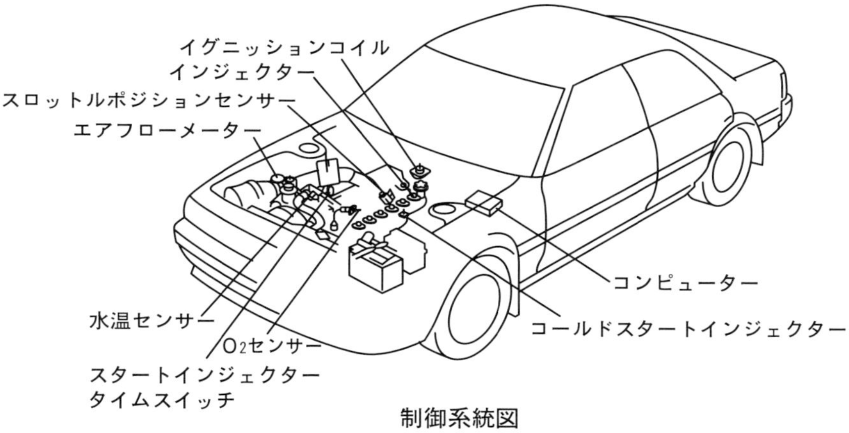

制御系統図

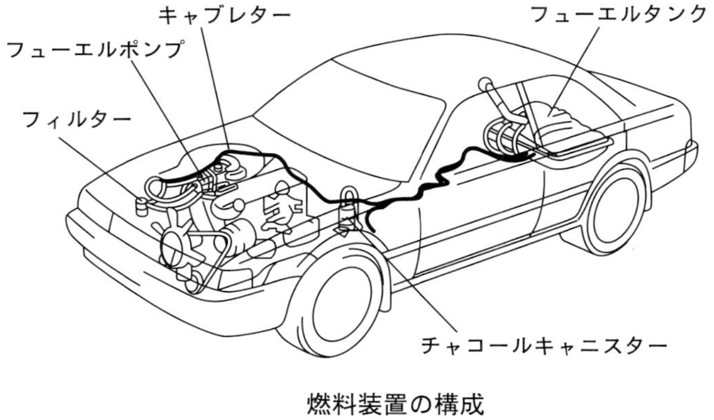

燃料装置の構成

パソコンとスキャナを活用した作図（合成図）

メンテナンスマニュアルの図面で欲しい図が分離していた場合は、「ペイント」の透過モードで結合します。

今、下の二つの図に欲しいものが含まれている場合、事前にスキャナでJPEGとして読み取っておきます。

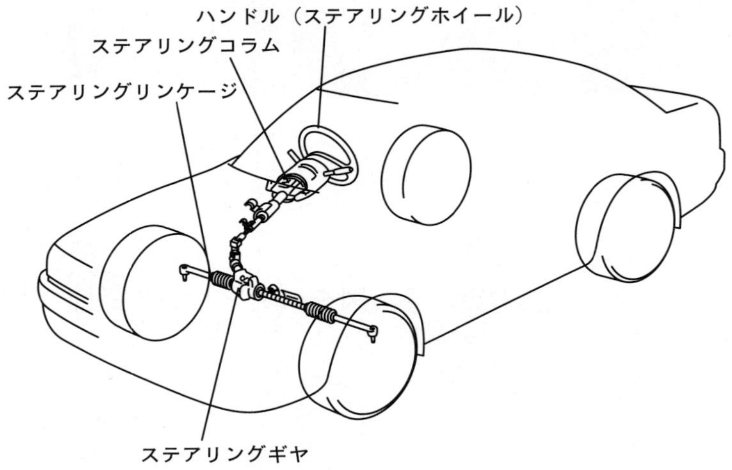

ステアリング装置の構成

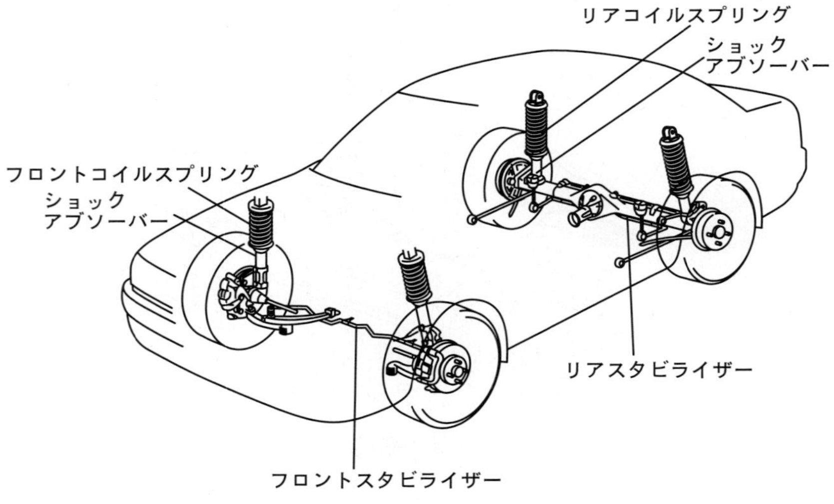

重ねる元の図をペイントで立ち上げます。そして必要な部分を選択し、「コピー」又は「切り取り」をします。

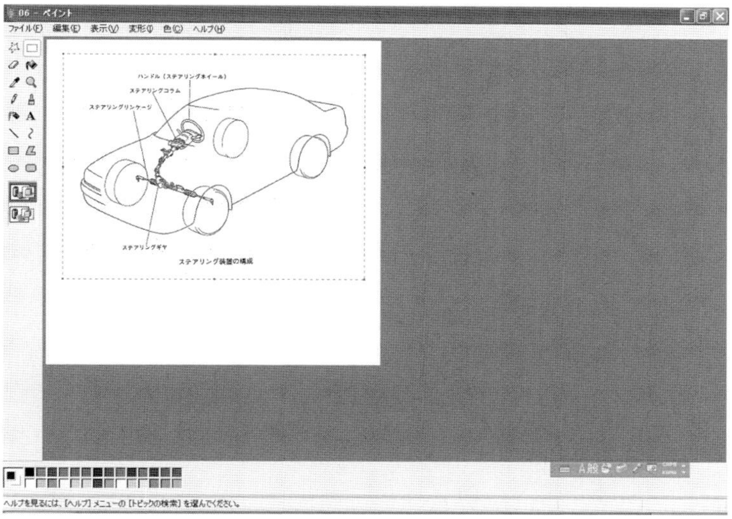

ペイント画面を終了し、重ね合わせる図をペイントで立ち上げ、その上に貼り付けます。

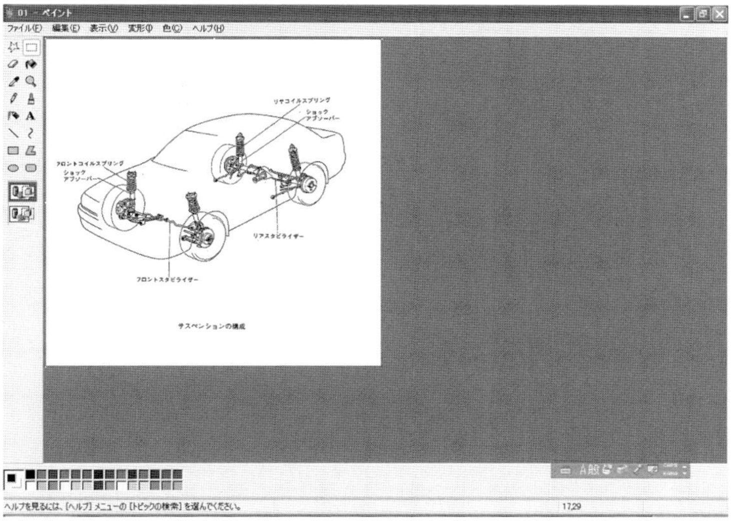

この時、透過モードにすることで、図を重ねることができます。

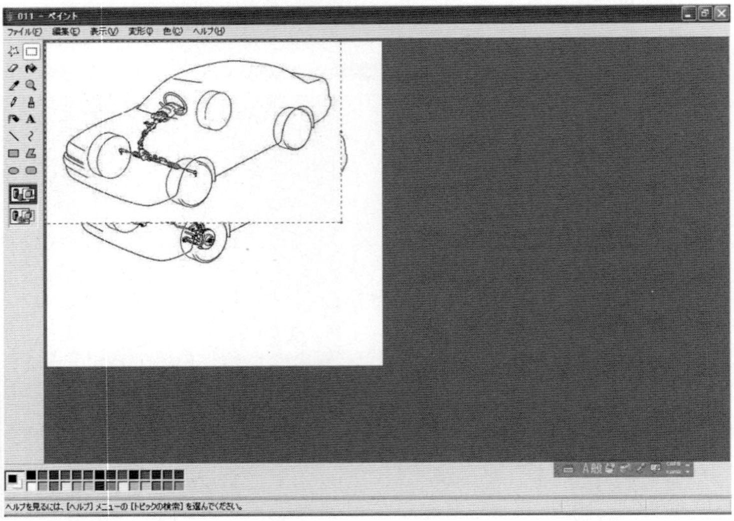

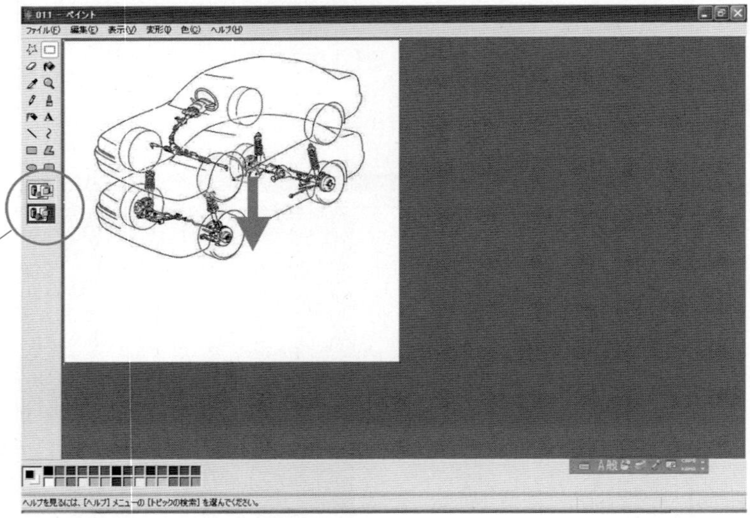

透過モード

最終的に重なった図を「コピー」して、ワードなどへ貼り付けて完成です。

完　成　図

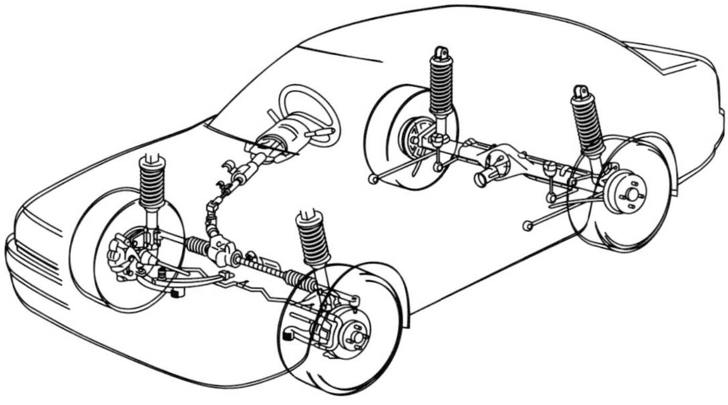

参考・引用文献

『新火災調査教本』第1巻/公益財団法人東京防災救急協会

『新火災調査教本』第7巻/公益財団法人東京防災救急協会

『火災原因調査要領』/財団法人消防科学総合センター

『これでわかる！実例火災調査書類』/東京法令出版

『火災調査参考図』/東京法令出版

これは覚えたい
火災調査書類の図面作成塾

平成20年9月30日　初 版 発 行
令和6年5月1日　初版16刷発行

編　著／火災調査技術向上研究会
発行者／星沢　卓也
発行所／東京法令出版株式会社

112－0002　東京都文京区小石川5丁目17番3号　03(5803)3304
534－0024　大阪市都島区東野田町1丁目17番12号　06(6355)5226
062－0902　札幌市豊平区豊平2条5丁目1番27号　011(822)8811
980－0012　仙台市青葉区錦町1丁目1番10号　022(216)5871
460－0003　名古屋市中区錦1丁目6番34号　052(218)5552
730－0005　広島市中区西白島町11番9号　082(212)0888
810－0011　福岡市中央区高砂2丁目13番22号　092(533)1588
380－8688　長野市南千歳町1005番地
［営業］TEL 026(224)5411　FAX 026(224)5419
［編集］TEL 026(224)5412　FAX 026(224)5439
https://www.tokyo-horei.co.jp/

ISBN978-4-8090-2257-9